BRUCKMANNS RUCKSACKFÜHRER

Rose Marie und Gerhard Bleyer

Die schönsten Höhenwege im Wallis

Kurzführer

Bruckmann

Titelmotiv:
Die Alpe Tufteren über Zermatt mit dem Matterhorn (Tour 4; Foto: Gerhard Bleyer).

Bildnachweis:
Die Karten zu den Touren zeichnete Wolfgang Bayer, Röhrmoos.

Die Zusammenstellung und Beschreibung der Touren erfolgte mit größtmöglicher Sorgfalt und nach bestem Wissen und Gewissen der Autoren. Nach dem Erscheinen des Buches kann sich an Wegführung, Markierung, Adressen etc. einiges ändern; eine Gewähr für die touristischen und bergsteigerischen Informationen wird nicht gegeben. Es wird um Verständnis dafür gebeten, daß Autoren und Verlag nicht für Nachteile oder Schäden haften können, die sich aus dem Nachvollzug der Touren oder geänderten Bedingungen im Land ergeben.

Diesem Rucksackführer liegt der gleichnamige Bildband zugrunde (ISBN 3-7654-2755-1).

Gedruckt auf chlor- und säurefrei gebleichtem Papier

Die Deutsche Bibliothek – CIP-Einheitsaufnahme

Die schönsten Höhenwege im Wallis /
Rose Marie und Gerhard Bleyer. –
München : Bruckmann
NE: Bleyer, Rose Marie; Bleyer, Gerhard
[Kurzführer]. – 1995
(Bruckmanns Rucksackführer)
ISBN 3-7654-2757-8

Gesamtherstellung: Bruckmann, München
Druck: Gerber + Bruckmann, München
Printed in Germany
ISBN 3-7654-2757-8

Inhalt

Im Vorhof der hochalpinen Szenerie

Tour 1

Von der Moosalp über Jungen nach St. Niklaus

Am frühesten hielt der Tourismus im Mattertal Einzug. Kein anderes Walliser Bergtal erlangte seinen Berühmtheitsgrad – dafür sorgte das Matterhorn, die unvergleichlich schöne Felspyramide über Zermatt. Die Italiener nennen es »Monte Cervino«, die Franzosen »Mont Cervin«. Noch heute geht eine unglaubliche Faszination von diesem Traumberg aus. Doch nicht nur das Matterhorn übt Jahr für Jahr diese magische Anziehungskraft auf unzählige Menschen aus, der Reiz des Tales liegt ganz einfach in seiner vielfältigen Schönheit begründet: sattgrüne Almen, dunkle Wälder, sanfte Berghänge und tiefblaue Bergseen – darüber die firngekrönten Walliser Viertausender, umgeben von gewaltigen Gletschern, die tief ins Tal hinablecken.

Wir wollen uns dem *»Höhenweg Vispertaler Sonnenberge«* zuwenden. Es ist ein prächtiger Weg, aber er braucht in seiner gesamten Länge von *Zeneggen* über *Moosalp* bis nach *St. Niklaus* gut 8½ Stunden Gehzeit. Wir schlagen daher ein besonders reizvolles Teilstück vor und fahren an einem zeitigen Morgen von Stalden zur Moosalp (2047 m). Vom Parkplatz bei der Gastwirtschaft (gegenüber von den großen Gemeinschaftsviehställen) dem Wegweiser mit der Aufschrift *»Höhenweg nach Jungen«* folgen. Zeigt sich beim Rückblick noch einmal das 3934 Meter hohe Bietschhorn, das elegant über dem Rhônetal steht, so bannen später Weißhorn (4505 m) und Bruneggหorn (3833 m) unseren Blick.

Die Route führt entlang der *Augstbordwasserleitung*. Das Wallis ist bekannt für seine Regenarmut, und die südlichen Seitentäler der Rhône leiden geradezu unter dem Mangel an Niederschlägen. So war künstliche Bewässerung seit jeher lebensnotwendig. Die bedeutendste »Wasserleitung« von Törbel und Zeneggen ist noch heute die »Augstborteri«, die bereits im 12. Jahrhundert erwähnt wird. Bis in unser Jahrhundert mehrfach verbessert, hat sie ihre Fassung noch immer an der alten Stelle im Augstbord in etwa 2150 Meter Höhe. Das Wasser läuft von dort durch Stollen, Röhren und offene Gräben talwärts, um Zeneggen und Törbel zu versorgen. 1977 begannen die Gemeinden St. Niklaus, Embd, Törbel und Zeneggen einen Wanderweg zu bauen, der zum großen Teil dieser »Wasserleite« folgt.

Bei der *Alpe Pletsche* (2010 m/1 Std.) verlassen wir diesen Weg (Markierung auf Felsplatten), der weiter nach Läger, dann leicht ansteigend ins Augstbord und über den Augstbordpaß nach Meiden ins Turtmanntal führt. Der Steig ist zwischen Läger und Augstbord nur schwindelfreien Wanderern zu empfehlen (8 Std.).

Mit leichtem Gefälle zieht sich nun unser schmaler Pfad nach *Schalb* hinab (1923 m/+ ½ Std.). Wir queren den *Embdbach*. Der Weg führt in sanften Kehren auf eine bewaldete Anhöhe (2074 m/ + 1 Std.). Dann wandert man ohne merklichen Höhenverlust abwärts nach *Jungen* (1955 m/+ ½ Std.), einem Ort der Stille und Beschaulichkeit. Der Blick geht hinüber nach *Grächen* am jenseitigen Berghang. Einst bewirtschafteten die Grächner hier auf Jungen eine kleine Alm. Oft plagte sie am Abend das Heimweh so sehr, daß sie voller Wehmut über die Tiefe des Tales zu ihrem Heimatort hinüberschauten, bis sich die langen Schatten der Nacht über das Bergland legten.

Den Abstieg sollten wir so wählen, daß wir auf alle Fälle den letzten Bus von Stalden zur Moosalp erreichen, es sei denn, der eigene Wagen steht im Tal. Wir wandern nur noch bergab – Steppengräser und mancherlei Blumen gedeihen am Hang. In zahlreichen Windungen geht es zum *Jungbach* hinab. Längst haben sich die Firngipfel weit zurückgelehnt. Aus der lieblichen Almregion gelangen wir schließlich auf einen schmalen Waldpfad. Dann ist es auch nicht mehr weit bis St. Niklaus (1127 m/+ 2 Std.).

Nützliche Informationen

Tourencharakter: Aussichtsreiche Höhenwanderung, unschwierig. **Beste Jahreszeit:** Juni bis Anfang Oktober. **Höhendifferenz:** 400 Meter Aufstieg, 1250 Meter Abstieg. **Reine Gehzeit:** Ab Moosalp 5 Stunden, ab Zeneggen 8½ Stunden. Rückkehr: Wenn Pkw auf der Moosalp, von St. Niklaus per Bahn nach Stalden, weiter mit dem Bus zur Moosalp. Wenn Pkw im Tal, morgens mit dem Bus zum Ausgangspunkt. **Karte:** Landeskarte der Schweiz 1:50 000, Blatt 274 (Visp). **Einkehrmöglichkeit:** *Moosalp* (2047 m; Raclette am offenen Kamin), *Schalb* (1923 m) und *Jungen* (1955 m). **Talorte:** *Stalden* (799 m), 7 Kilometer bis Visp/Rhônetal. Hotels, Pensionen, Gasthöfe, Station der Brig-Visp-Zermatt-Bahn. Luftseilbahn über Staldenried nach Gspon. Info-Büro: CH-3922 Stalden, Tel.: 028/521512. Busverbindung ins Saastal, nach Grächen sowie über die Moosalp nach Visp. In Stalden nach letzter Busfahrt zur Moosalp erkundigen. *St. Niklaus* (1127 m), 10 Kilometer bis Stalden. Hotels, Pensionen, Gasthöfe, Station der Brig-Visp-Zermatt-Bahn. Luftseilbahn nach Jungen. Klettergarten. Die Kirche von St. Niklaus erlitt mehrfach schweren Schaden durch Lawinen und Erdbeben. Sie wurde schließlich vor einigen Jahren völlig neu aufgebaut; nur der alte zwiebelförmige Glockenturm blieb erhalten. Verkehrsverein: CH-3924 St. Niklaus, Tel.: 028/563663. Von Kalpetran (896 m, zwischen Stalden und St. Niklaus) Luftseilbahn über Embd nach Schalb.

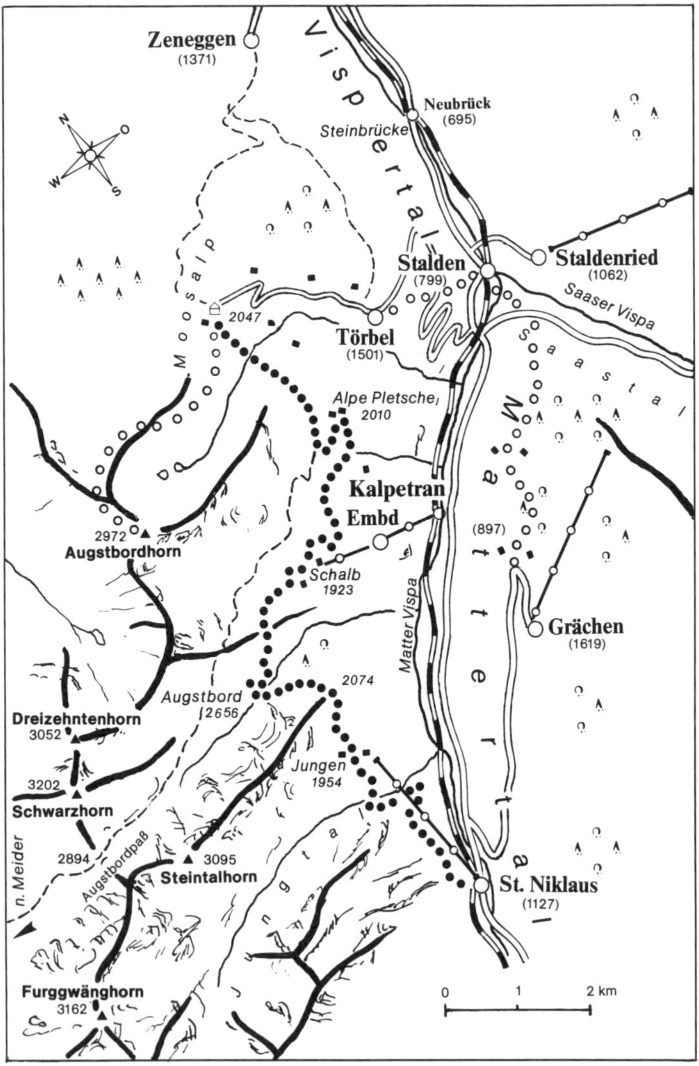

Schatzplatte und Arigscheis

Tour 2

Randa – Rötiboden – Schaliberg – Schatzplatte – Schaliachern – Arigscheis – Täsch/Randa

Auf gut ausgebauter, breiter Straße geht die Fahrt hinter Stalden vom Visptal ins Mattertal. Über dem freundlichen Talgrund kleben die Häuser von Törbel und Embd wie Schwalbennester am westlichen Berghang. Von St. Niklaus, dem nächsten größeren Ort, führt in einer Talweitung ein Sträßlein hinauf zu dem auf einer Sonnenterrasse gelegenen Luftkurort Grächen (1619 m).

Im Osten weitet sich das Tal, in dessen Wiesengrund Randa (1408 bis 1439 m), Ausgangspunkt unserer Wanderung, liegt. Am Verkehrsbüro vorbei begeben wir uns zur Hauptstraße, überqueren an bezeichneter Stelle die Bahngleise und die Vispa, um von dort der Beschilderung »Weißhornhütte« zu folgen. Bald wenden wir uns südwestwärts dem Schußlauizug zu. Gerne wählen Bergführer die Weißhorn-Hüttentour (je 1500 Höhenmeter im An- und Abstieg), um Kondition und Trittsicherheit ihrer Kunden vor Antritt schwerer Unternehmungen zu testen.

Während der Hüttenweg vom Rötiboden (1970 m/1¾ Std.) zunächst zur Alpe Jazz weiterführt, wenden wir uns beim Wegweiser, wenige Schritte vor den Alphütten, nach Süden und wandern nun immer auf gleicher Höhe den Hang entlang, bis wir die *Jägerhütte am Schaliberg* (1968 m/+ ½ Std.) vor uns sehen.

Kurz darauf zweigt eine schmale Pfadspur vom Wanderweg ab. Auf dem Wegweiser lesen wir die geheimnisvolle Aufschrift *»Schatzplatte«*. In leichtem Auf und Ab geht es nach Westen weiter, dabei allmählich an Höhe gewinnend. Die hochalpine Szenerie wird immer großartiger. Die Schatzplatte (2402 m/+ 1½ Std.) ist ein Schauplatz in völliger Abgeschiedenheit. Nur einen großen Viehstall mit bescheidenem Schlaf- und Kochplatz für den Sennen finden wir vor sowie eine Herde Ziegen. Den Rucksack sollte man stets in Sichtweite haben, denn die Ziegen sind äußerst neugierig, besonders, was den eßbaren Inhalt angeht. Auf dem Schneefeld vor dem Gletscher verschaffen sich Schafe Kühlung. Auch wir spüren den erfrischenden Wind vom Gletscher auf der warmen Haut. Die Sonne hat jetzt ihren höchsten Stand. Markant baut sich im Westen das Zinalrothorn (4221 m) über dem vorgelagerten, wildzerklüfteten Hohlichtgletscher auf. Es folgen Schalihorn und Schaligletscher.

Für den Rückweg bieten sich zwei Möglichkeiten an, die abhängig sind von der Abenteuerlust und Trittsicherheit des einzelnen:

Variante a): Auf gleichem Wege zurück in Richtung *Jägerhütte* am Schaliberg. Etwa 5 Minuten vor Erreichen der Hütte betritt man den breiteren Wanderweg (2043 m/+ 1¼ Std.) und folgt dem Wegweiser *»Randa-Täsch«* in südlicher Richtung. Es ist ein beschauliches Wandern entlang des kaum bewaldeten Hanges mit ständigem Blick zur Mischabelgruppe im Osten. Etwa in Höhe von 1700 Metern gabelt sich der Weg: wir wenden uns nach links (Norden) in Richtung Randa; rechts geht es nach Täsch. Bald gelangen wir in schattigen Hochwald und schließlich auf den *Kapellenweg* von *Randa*. Von der Hauptkapelle geht es an vierzehn bescheidenen Kapellchen vorbei, bis der Steig in den fast ebenen Wanderweg entlang der Matter Vispa mündet. Von hier (Wegweiser) ist es nur noch eine Viertelstunde bis *Randa* (1439 m/+ 1¼ Std.).

Variante b): Wer die folgende Variante wählt, sollte wegloses Gehen und Überwinden wilder Gletscherbäche nicht scheuen. Unweit der Schatzplatte geht es einen von mächtigen Felsblöcken übersäten Moränenhang in südlicher Richtung hinab, weiter über Geröll und Blockwerk, dabei stets das *Mettelhorn* anpeilend. Dann beginnt das kleine Abenteuer. Einem riesigen Eisberg unter Zinalrothorn und Schalihorn entströmen große Wassermengen und teilen sich im Nu in mehrere Bachläufe auf. Immer wieder müssen wir nach geeigneten Übergängen suchen, wo sich das nasse Element nicht gar so wild gebärdet. Wir kommen uns wie Seiltänzer vor, balancieren von einem Stein zum anderen – ja, geschickt muß man schon sein und achtsam bei rutschigen Blöcken. Ein Stecken kann angenehm zum Gleichgewichthalten sein. Auf der anderen Seite des kargen Gletscherbachtales sind zwei markante *Felsblöcke* eine Orientierungshilfe. Nun reihen sich sparsame Steigspuren aneinander, bis ein deutlich erkennbarer Pfad erreicht ist (+ 1¼ Std.), auf dem wir kaum merklich an Höhe gewinnen. Eine Rast ist verdient nach dem aufregenden Intermezzo. Eine unbeschreiblich schöne Hochgebirgsszenerie läßt die Seele zum Klingen bringen … Im Westen reihen sich Zinalrothorn, Schalihorn und Weißhorn aneinander, im Osten die gleißenden Gipfel der Mischabelgruppe.

Wir machen nochmals Pause beim Aussichtspunkt *Arigscheis* (2242 m/+ 1 Std.): ein Felsbrocken – ein Stadl – ein einfaches Holzkreuz: das ist *Arigscheis* hoch über dem Tal der Matter Vispa. Besonders schön zeigen sich hier der doppelgipflige Dom und das Täschhorn. Gefährlich hängen Hohberg-, Festi- und Kingletscher in den steilen Felswänden. Nach Südosten schließen sich Alphubel, Allalinhorn und Rimpfischhorn an …

Von *Arigscheis* ist es nur noch ein stetes Wandern bergab – abwechselnd über begrünte Kuppen, schattige Waldwege, Eisenleitern und drahtseilgesicherte felsige Steige – und immer wieder mit freiem Blick ins Tal. Zum Schluß geht es recht steil durch lichten Hochwald. Hier heißt es achtgeben, wenn der weiche Boden feucht und die Baumwurzeln rutschig sind. Sehr plötzlich endet der Weg auf einer Lichtung direkt über dem Bahnhof von Täsch (1450 m/+ 1 Std.). Entweder kehren wir mit der Bahn nach Randa zurück oder wandern entlang der Matter Vispa talaus (1439 m/+ 1 Std.).

Nützliche Informationen

Tourencharakter: Bergwanderung, unschwierig; bei Variante b) Trittsicherheit erforderlich. **Beste Jahreszeit:** Mitte Juni bis Anfang Oktober. **Höhendifferenz:** Für a) und b): 1000/1200 Meter Aufstieg, 1000/1150 Meter Abstieg. **Reine Gehzeit:** Für a) und b): 6¼/7 bzw. 8 Stunden. **Karte:** Wanderkarte Zermatt 1:50 000. **Einkehrmöglichkeit:** Keine. **Talorte:** *Randa* (1408–1439 m). 24 Kilometer von Visp/

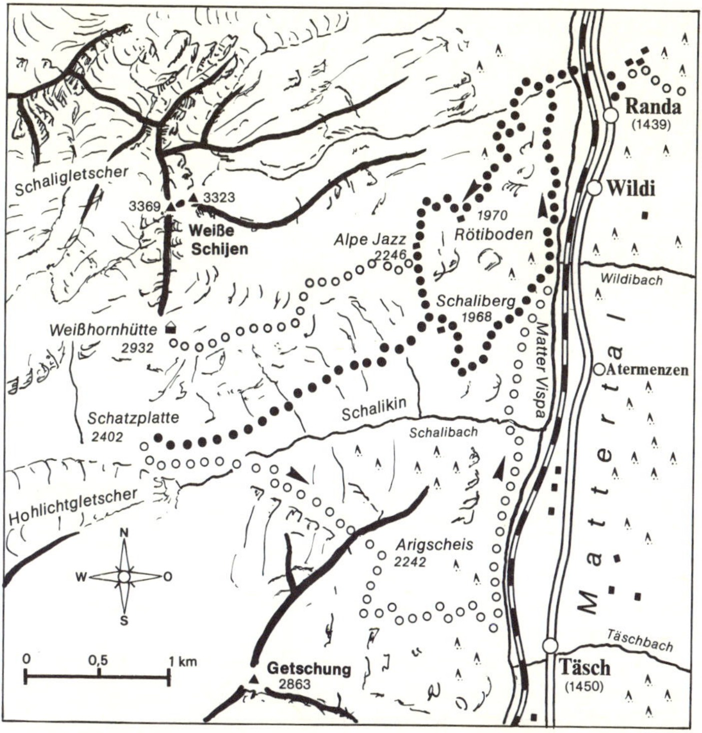

Rhônetal, 4 Kilometer bis Täsch. Einkaufs- und Einkehrmöglichkeiten. Hotels, Pensionen, preiswerte Unterkünfte, Chalets und Studios (schlicht oder exclusiv ausgestattete kleine Ferienwohnungen mit Küche etc.). Bergführerbüro. Bank. Station der Brig-Visp-Zermatt-Bahn. Ausgangspunkt für Touren in der Weißhorn- und Mischabelgruppe (Weißhornhütte, Domhütte). Verkehrsbüro Randa: CH-3928 Randa. Tel.: 028/671677. *Atermenzen* (1430 m), Weiler am Täschgufer zwischen Randa und Täsch, mit schönem Campingplatz und Gastwirtschaft, Chalets und Studios. *Täsch* (1450 m), 5 Kilometer bis Zermatt. Ende der Fahrstraße beim Bahnhof der Brig-Visp-Zermatt-Bahn. Fußwanderung nach Zermatt knapp 1½ Stunden, Bahnfahrt etwa 12 Minuten (alle 20 Minuten Pendelzüge Täsch – Zermatt – Täsch). Beim Bahnhof Parkplatz für ca. 2000 Fahrzeuge. Bergführer, Hotels, Pensionen, Gasthöfe, Studios, Ferienwohnungen. Supermarkt, Sportgeschäft. Campingplatz hinter dem Bahnhof. Verkehrsbüro: CH-3929 Täsch, Tel.: 028/671689.

Panorama-Höhenweg zur Obersattla

Tour 3

Täsch – »Panorama-Höhenweg« bis Tufteren – Obersattla – Ottavan – Täsch/Atermenzen

Mattertal – Zermatt – Matterhorn... Im gleichen Atemzug denkt man an Hochalpinisten und die große Schar derer, die nur wegen des »Löwen von Zermatt« hierher kommen. In der Tat findet der Hochtourist eine Fülle bergsteigerischer Möglichkeiten, einerlei, ob er Randa, Täsch oder Zermatt als Standort im Tal wählt.

Aber mindestens in gleichem Maße ist das Mattertal ein Tal der Bergwanderer und Naturgenießer, die hier voll auf ihre Kosten kommen.

Auf dem Höhenweg zwischen Untersattla und Sunnegga präsentiert sich das Matterhorn besonders schön. Gern wird dieser Weg von Zermatt aus gemacht, weil die »Metro« (unterirdische Standseilbahn) zur Sunnegga Kraft und Zeit spart.

Wir wollen die Wanderung in Täsch beginnen und so durchführen, daß wir das Matterhorn aus angemessener Höhe und Entfernung möglichst lange von seiner typischen Seite bewundern können. Noch liegt die Kühle des Morgens über *Täsch* (1450 m). Hinter der Kirche führt eine Straße entlang des *Täschbaches* (Wegweiser) zum östlichen Berghang. Bei den letzten Häusern wird der Bach gequert. Erst am Ende der asphaltierten Straße zweigt ein schmaler

Pfad mit dem Hinweis »*Täschalp*« von dem breiten Forstweg ab. Bei mäßiger Steigung gewinnen wir langsam an Höhe, verlassen bei *Punkt 2131* (2 Std.) den Hochwald, um auf dem Unteren Weg (Verbindung zwischen Täschalp und Tufteren) unsere Wanderung in südlicher Richtung fortzusetzen. Auf einem Holzschild lesen wir: »*Frischer Zieger – 2 km Täschalp*«. Nun folgt ein wahrer *Promenadenweg* inmitten eines gewaltigen Steingartens. Längst haben wir den Wald hinter uns gelassen. Nur noch vereinzelt stehen knorrige Arven am Berghang. Gesichert führt der Steig dann entlang eines breiten Felsbandes.

Mächtige Lawinenverbauungen schützen das Tal vor den Gefahren, die ihm von der Natur bzw. von Unwettern drohen. Fast 1000 Meter tiefer liegt unter uns Täsch. Bei *Punkt 2310* gelangen wir an den Abzweig zur *Obersattla*. Doch wir verlassen unseren *Panoramaweg* noch nicht. Eine üppige Alpenflora säumt den Weg: Glokkenblumen – Arnika – Alpenrosen – dunkelroter Purpurenzian – hohe Gräser... Die östlichen Hänge legen sich weiter zurück und

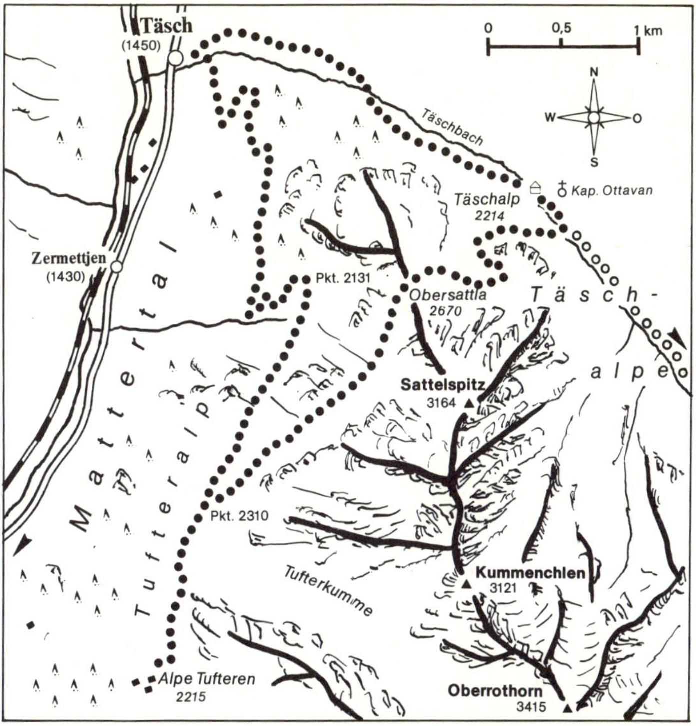

machen den Blick frei auf Castor und Pollux, Breithorn und Kleines Matterhorn. Auf einer Bank bei der *Alpe Tufteren* (2215 m/+ 1 Std.) machen wir die erste Rast dieses Tages und beobachten, wie eine zarte Wolke den Gipfel des Horns einzuhüllen beginnt.

Für uns wird es Zeit, zur *Obersattla* aufzubrechen. Bis zur Abzweigung (2310 m) sind es nur 15 Gehminuten zurück. Dann tauchen wir in eine karge, stille Landschaft ein. An den wiesigen Hängen ist die Blumenpracht plötzlich nicht mehr so üppig wie zuvor – dafür blühen hier zahlreiche sehr kleine Edelweiße sowie Schusternägel und Steinbrech. Während die Sonne vom Himmel brennt, ist ein weites Schuttkar auszugehen – ein leichter Wind sorgt für Kühlung. Der Weg wird zum Schluß etwas steiler – dann stehen wir auf der Obersattla (2686 m/+ 1½ Std.). Ein Kranz von Gipfeln umgibt uns: Monte Rosa – Breithorn – Matterhorn – Obergabelhorn – Wellenkuppe – Zinalrothorn – Weißhorn. Im Nordosten recken sich sehr nahe und wuchtig Täschhorn und Dom gegen den Himmel.

500 Meter tiefer liegt die *Täschalp*. In vielen Kehren wandern wir hinab, immer das Rimpfischhorn vor Augen und, je tiefer wir kommen, das wilde Rauschen des Täschbaches im Ohr. Auf der Täschalp (2214 m/+ 1 Std.) finden wir ein Gasthaus sowie einige private Nächtigungsmöglichkeiten; man kann mit dem PKW von Täsch herauffahren. Sehenswert ist die *Kapelle Ottavan*, die 1922 an der heutigen Stelle errichtet wurde, nachdem die ältere weiter oben am Hang im Winter 1915/16 einer Lawine zum Opfer fiel. Der moderne Altar ist eigenwillig und eindrucksvoll. Der kürzeste Rückweg nach Täsch führt entlang der Fahrstraße ins Tal (1 Std.). Wir jedoch wählen den lohnenderen Weg (Hinweis in Gasthausnähe beachten).

Am jenseitigen Hang gewinnen wir nochmals an Höhe, queren die blumigen Bergwiesen unter den Leiterspitzen, gehen Kehren und Schleifen voll aus und halten uns schließlich immer etwa in gleicher Höhe über dem Tal. Es ist ein landschaftlich äußerst reizvoller, lieblicher Höhenweg mit Blick auf die Westhänge des Mattertales. Die steil ins Tal stürzenden Felsen des Mettelhorns werden von der Nachmittagssonne warm angestrahlt. Leichter Dunst verschleiert die Sicht. Obgleich der Steig nur schmal ist, läßt es sich bequem gehen. Später schlängelt er sich in unzähligen Kehren durch den lichten Nadelwald. Zum Schluß wird der Abstieg etwas steiler. Seidelbast mit leuchtend rotem Beerenschmuck erfreut das Auge. Längst sind die stolzen Gipfel im Osten und Westen unseren Blicken entschwunden – nur noch Breithorn und Klein Matterhorn thronen unverrückbar über dem Talschluß (1450 m/+ 2 Std.).

Nützliche Informationen

Tourencharakter: Unschwierige Höhenwanderung. **Beste Jahreszeit:** Juni bis Oktober. **Höhendifferenz:** 1450 m Aufstieg, 1450 m Abstieg. **Reine Gehzeit:** 7½ Stunden. **Karte:** Wanderkarte Zermatt 1:50000. **Einkehrmöglichkeit:** *Alpe Tufteren* (2215 m), *Täschalp* (2214 m). **Talorte:** *Täsch und Atermenzen*, s. Tour 2.

Oberrothorn und Ritzengrat

Tour **4**

Zermatt – Blauherd – Stellisee – Fluealp – Furggji – Oberrothorn – Ritzengrat – Zermatt

Unsere geplante Bergwanderung hat mindestens vier Höhepunkte: den *Leisee* – den *Stellisee* – das *Oberrothorn* – den *Ritzengrat*. Wir fahren mit der »Alpen-Metro« von Zermatt auf die *Sunnegga* (2288 m).

Anschließend bringt uns eine Gondel von *Sunnegga* nach *Blauherd* (ca. 2565 m), Zwischenstation der Rothorn-Seilbahn.

Tausend Höhenmeter über Zermatt ist es noch frisch. Wir hängen den Rucksack über die Schultern und folgen dem Wegweiser bei der Station in östlicher Richtung. Nach 20 Minuten ist der *Stellisee* erreicht. Ein Weg führt um den See herum. Von seinem östlichen Ufer blicken wir nach Südwesten. Mit dem Fernglas wird der Hörnligrat (Normalroute aufs Matterhorn) nach Seilschaften abgesucht, denn es ist Matterhornwetter.

Ohne merkliche Steigung führt der Weiterweg zum *Berggasthaus Flue* (2607 m/ ¾ Std.). Im morgendlichen Gegenlicht liegt der Weißgrat mit seiner höchsten Erhebung, der Cima di Jazzi (3803 m), vor uns. Der vorgelagerte Findelgletscher zieht sich weit ins Tal hinab. Durch seine leichte Erreichbarkeit (Bergbahnen) wird das Berggasthaus Flue gerne von Tagesgästen besucht, aber auch von Bergsteigern, die das Rimpfischhorn machen wollen. Sie nehmen die letzte Bahn zum Blauherd und brauchen den Tourenrucksack dann nur eine knappe ¾ Stunde zu tragen. Als Stützpunkt für die Besteigung wird außerdem die Täschhütte gewählt (mit dem Pkw zur Täschalp und von dort in 1½ Std. zu Fuß zur Hütte).

Von der Fluealp folgen wir dem Wegweiser nach *Westen* (später auch Zeichen auf Felsblöcken). Bisher sind wir keinem Menschen begegnet. Die meisten Touristen fahren nämlich mit der Seilbahn bis auf das Rothorn und haben dann nur noch 1½ Stunden Anstieg aufs Oberrothhorn vor sich, ohne zu ahnen, was ihnen entgangen ist, weil sie den Stellisee – gerade am frühen Morgen – nicht erlebt haben.

Furggji (2981 m/+ 1¼ Std.) ist eine Einsattelung zwischen Rothorn und Oberrothorn. Von hier kann man erstmals wieder ins Tal der Matter Vispa hinabsehen. Die steile Westflanke unseres Tageszieles sieht nicht gerade einladend aus. So folgen wir dem gut angelegten Steig auf der Südseite des Berges bis zu seinem höchsten Punkt: 3415 Meter (+ 1½ Std.). Jetzt haben wir eine lange Rast verdient, denn der Anstieg war zeitweilig etwas steil, und viele Kehren mußten ausgegangen werden. Alle Mühe wird reichlich belohnt durch ein großartiges Panorama. Die Aussicht auf die umliegenden Berge steht kaum jener vom Gornergrat nach, wenn auch der Blick auf den Monte Rosa, die furchterregende Nordwand des Liskammes und die vorgelagerten Gletscherströme vom Gornergrat aus noch unmittelbarer ist. Dafür wirken Mischabelgruppe, Weißhorn und Zinalrothorn von unserem Gipfelplateau aus viel gewaltiger und beeindruckender. Mächtig auch Dom (4545 m) und Täschhorn (4490 m), deren eisdurchsetzte Flanken steil in die Tiefe stürzen. Der Dom ist der höchste, ganz in der Schweiz liegende Gipfel und beliebtes Tourenziel bei Hochalpinisten. Erfahrung,

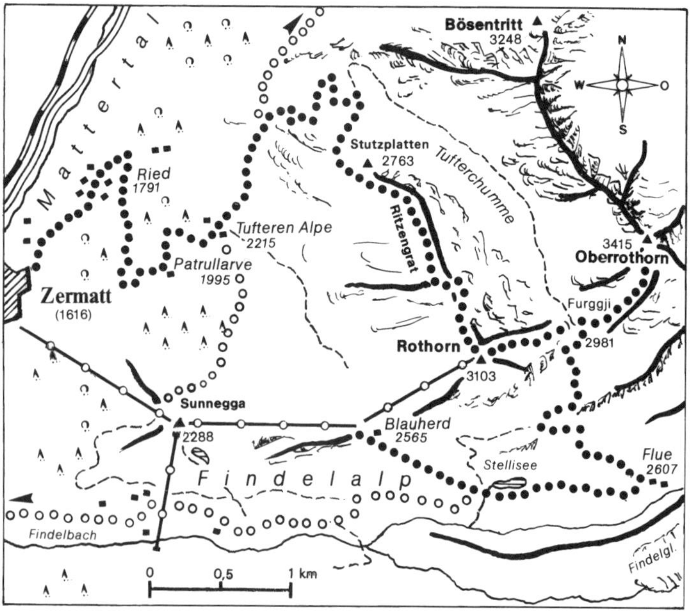

Ausdauer und Kondition sind für diese Hochtour Voraussetzung – selbst der Anstieg zur Domhütte setzt ein Mindestmaß an bergsteigerischem Können voraus.

Wir kehren zum *Fuggji* zurück (2981 m/+ ¾ Std.). Nun bieten sich verschiedene Möglichkeiten der Rückkehr ins Tal an: a) durch die Tufterchumme nach Tufteren und weiter zu Fuß nach Täsch oder Zermatt (bzw. ab Sunnegga mit der Metro talabwärts); b) ab Rothorn (3103 m; 15 Min. von Furggji) per Seilbahn und Metro nach Zermatt; c) wir entscheiden uns für den Abstieg vom *Rothorn* über den *Ritzengrat*. Der Steig wartet hier und da mit kleinen Überraschungen auf, ohne jedoch gefährlich oder schwierig zu sein; Trittsicherheit und an einigen Stellen Schwindelfreiheit sind erforderlich. Der in nördlicher Richtung verlaufende Grat bietet eine weite Sicht ins Mattertal und zu den im Westen liegenden Bergen. Besonders eindrucksvoll präsentiert sich das *Weißhorn*. In den Augen vieler Alpinisten soll es der schönste Berg der Alpen sein. Drei gleichmäßig geformte Grate vereinigen sich in 4505 Meter Höhe. Auch hier glückte einem Engländer die Erstersteigung: John Tyndall mit den Führern J. J. Bennen und Ulrich Wenger am 19. 8. 1861. Stützpunkt für die Bergsteiger sind die Weißhornhütte (Mattertal) und die Cabane de Tracuit (Val d'Anniviers/Val de Zinal). Bevor wir den *Höhenweg* zwischen Täschalp und Sunnegga erreichen, geht es über grasige Hänge. Von *Tufteren* (2215 m/+ 2 Std.) wählen wir den Weg in die *Ried*. Wie verändert, fast fremd und unnahbar, wirkt das Matterhorn jetzt... Leicht wandert es sich in der Kühle des Abends durch Arven- und Lärchenwald hinab nach *Zermatt* (1616 m/+ 1¼ Std.).

Nützliche Informationen

Tourencharakter: Bergwanderung mit Gipfelbesteigung und Gratüberschreitung. Für den Ritzengrat Trittsicherheit erforderlich. **Beste Jahreszeit:** Juli bis Anfang Oktober, je nach Verhältnissen. **Höhendifferenz:** 1100 Meter Anstieg, 1850 Meter Abstieg. **Reine Gehzeit:** 7½ Stunden. **Karte:** Wanderkarte Zermatt 1:50000. **Einkehrmöglichkeit:** *Bergrestaurant Blauherd* (2565 m), *Bergrestaurant Sunnegga* (2288 m), *Wirtschaft Tufteren* (2215 m), *Bergrestaurant Rothorn* (3103 m), Wirtschaft in der *Ried* (1791 m). **Unterkunft:** *Berggasthaus Flue* (2607 m) auf der Fluealp über dem Nordufer des Findelgletschers. Stützpunkt für die Besteigung von Strahlhorn und Rimpfischhorn. Betten und Lager. Tel.: 028/672551. **Talort:** *Zermatt*, s. Tour 7.

Unter der Matterhorn-Nordwand

Tour 5

Zermatt – Trift – Höhbalmen – Schönbielhütte – Zmutt – Zermatt

Die frühesten Urkunden über Zermatt (»zur Matte«) stammen aus den Anfängen des 13. Jahrhunderts. Bereits im Mittelalter wird lebhafter Handel zwischen Zermatt und dem Valtournanche (Italien) betrieben. Damals war das Klima milder als heute. Die Baumgrenze lag bei etwa 2600 Meter, und die heute vergletscherten Übergänge waren zu jener Zeit mit Maultieren zu überschreiten.

Wir wollen uns einem der schönsten Höhenwege der Alpen zuwenden. Um die Wanderung zu einem echten Genuß und Erlebnis werden zu lassen, empfiehlt sich eine Nächtigung in der Trift.

Beim *Hotel »Post«* in *Zermatt* zeigt der Wegweiser die Richtung an: Trift – Mettelhorn – Rothornhütte – Höhbalmen. Am Morgen ist der Weg gleich voll der Sonne ausgesetzt. Wir dagegen brechen am späten Nachmittag auf, wenn die Luft sich abzukühlen beginnt. Zunächst geht es am Steinbockgehege vorbei und über einen gutangelegten Zickzackweg zum Alterhaupt (1961 m), dann in die *Triftschlucht* und zum *Trifthotel* (2337 m/ 2 Std.). Bereits das kurze Tagespensum wird mit einer beglückenden Sicht auf den Gornergrat und den Monte Rosa gekrönt.

Wir taten gut daran, bereits am Vortage die gut 700 Höhenmeter hinter uns zu bringen – so erleben wir am Morgen mit unverbrauchten Kräften alle Schönheiten, die uns dieser Tag bietet. Während wir auf den *Höhbalmen* (2665 m/+1 Std.) zugehen, baut sich das Matterhorn in seiner ganzen Mächtigkeit, man möchte fast sagen Schaurigkeit, über dem Zmuttal auf.

An den Hängen, die den ganzen Tag Wärme und Licht spüren, blüht die Alpenflora in allen Farben. Oft sind es nur kleine Blüten, weil der Boden karg und trocken, der Bergsommer kurz und der harte Winter lang ist. Bei den *Schwarzlägern* ist mit 2788 Metern der höchste Punkt erreicht. Längst hat sich die geheimnisvolle *Dent d'Hérens* (4171 m), der im Schatten des Matterhorns verborgene Viertausender, aus dem Hintergrund hervorgetan. Glitzernde Eisbalkone hängen in der Nordwand, die steil auf den Tiefmattengletscher herabstürzt. Während es sich mühelos ins Arbental hinabwandert, hat man Muße, die ganze Gipfelparade vom Matterhorn über den Monte Rosa und Weißgrat bis hin zur Mischabelgruppe zu bewundern. Dann mündet unser Pfad in den Wanderweg durch das Zmuttal nach *Schönbiel* (Punkt 2327 m/+1¼ Std.). Nochmals müssen wir knapp 400 Höhenmeter ansteigen. Über den Scheitel der Moräne, nun ständig die Dent d'Hérens vor Augen, erreichen wir schließlich die *Schönbielhütte* (2694 m/+1 Std.). Sie wurde 1955 an Stelle der alten, baufällig gewordenen Hütte in dieser unvergleichlich schönen Lage oberhalb des Zusammenflusses von Schönbiel- und Zmuttgletscher, auf der unteren Terrasse von Schönbiel, errichtet.

Natürlich läßt sich die Wanderung auch so einrichten, daß in der Schönbielhütte (80 Schlafplätze) genächtigt wird. Wir halten hier ausgiebig Mittagsrast. Der Hüttenwirt hat köstlichen Gemüseeintopf bereitet und gibt auf Fragen bereitwillig Auskunft. So wissen wir bald, daß über den wildzerklüfteten Tiefmatten- und den Stockjigletscher drei hochalpine Übergänge nach Westen führen: das Tiefmattenjoch, der Col de Valpelline und der Col d'Hérens.

Durch das Zmuttal und über den Col d'Hérens führte einst ein bedeutender Handelsweg, der Zermatt mit Sion (Sitten) im Rhônetal verband. Einmal jährlich begab sich eine Prozession auf diesem

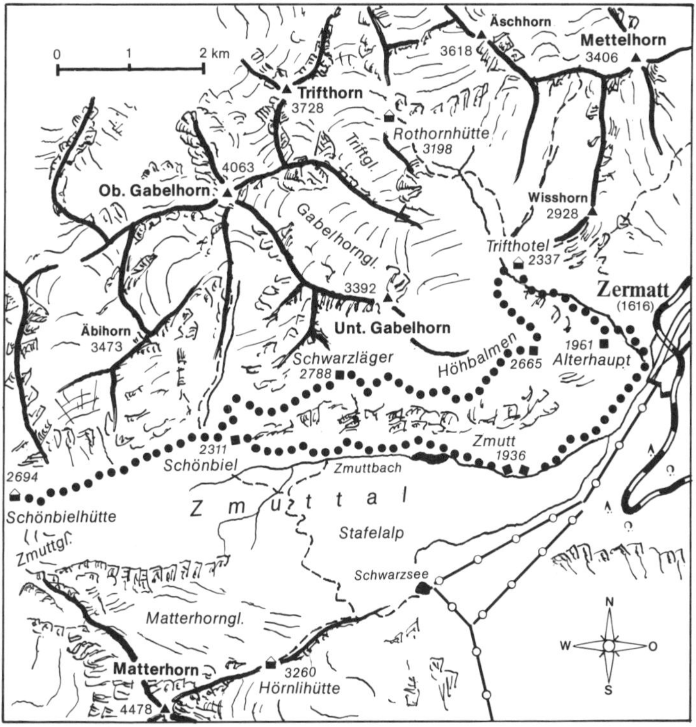

Weg nach Sitten. Das erforderte 15 Stunden Gehzeit. Der Pfarrer von Zermatt sowie acht Männer aus dem Dorf waren durch ein Gelübde zu dieser Wallfahrt verpflichtet. Doch der Weg wurde wegen der zunehmenden Vergletscherung immer schwieriger. Da schlossen die Zermatter 1666 ein Abkommen, das sie gegen Entgelt von dieser Verpflichtung befreite. Bis 1816 zahlten sie noch jährlich sechs Pfund an die drei Sittener Kirchen. Durch Zahlung einer Kapitalsumme in Höhe von 120 Pfund konnten sie den Tribut schließlich für immer ablösen.

Zurück nach Zermatt wandern wir zunächst wie beim Hüttenanstieg auf dem Scheitel der großen Moräne über dem Zmuttgletscher, gelangen in eine kleine Senke und erreichen schließlich den Abzweig nach Norden zum *Höhbalmen* (Punkt 2327 m/Wegweiser), unserem morgendlichen Weg. Wir steigen nun weiter in westlicher Richtung durch das Zmuttal ab, vorbei an einem kristallklaren Wasserfall. Der schmale Steig zieht sich zum Teil dicht am Berghang entlang und dient bei der kleinen *Wirtschaft Kalbermatten* (2105 m/+ 1 Std.) zugleich als Terrasse.

Beim Rückblick stellen wir fest, daß sich die Dent d'Hérens wieder ganz zurückgezogen hat, während das Matterhorn noch mächtiger als am Morgen über dem Zmuttal steht – dunkle Schatten liegen jetzt in der Nordwand. Der Weg verliert nur allmählich an Höhe. Etwas tiefer liegt still und dunkel das Wasser im Ausgleichsbecken der *Grande Dixence* (im Talschluß des Val des Dix). Das weiche Licht eines späten Sommernachmittags fällt auf den Weiler *Zmutt* in grüner Talsenke (1936 m/ + ¾ Std.). Das »weiße Haus« in Zmutt wurde 1595 erbaut und diente, damals am Handelsweg gelegen, als Herberge. Wir werfen einen Blick in die Kapelle von 1797. Bis Zermatt ist es noch eine Wegstunde (1616 m/+ 1 Std.).

Nützliche Informationen

Tourencharakter: Unschwierige zweitägige Bergwanderung. **Beste Jahreszeit:** Ende Juni bis Anfang Oktober, je nach Wetterverhältnissen. **Höhendifferenz:** 1600 Meter Aufstieg, 1600 Meter Abstieg. **Reine Gehzeit:** 8 Stunden. **Karte:** Wanderkarte Zermatt 1:50000. **Einkehrmöglichkeit:** *Wirtschaft Kalbermatten* im Zmuttal (2105 m). **Unterkunft:** *Hotel Edelweiß* auf dem Alterhaupt (1961 m), *Trifthotel* (2337 m, 2 Std. von Zermatt), *Schönbielhütte* (2694 m), *Weiler Zmutt* (1936 m). **Talort:** *Zermatt*, s. Tour 7.

Auf Tuchfühlung mit dem Horn von Zermatt

Tour 6

Zermatt – Schwarzsee – Hirli – Hörnlihütte – Zermatt

Lange galt das Matterhorn als unbezwingbar. Der erste ernsthafte Versuch wird 1858 von Jean-Antoine Carrel und vier Freunden von Breuil (Italien) aus gestartet. Sie kommen allerdings über die Höhe von 3800 Metern nicht hinaus. 1860 erreichte der Engländer John Tyndall mit Führern schon fast 4000 Meter. Zur gleichen Zeit wird man auch auf der Zermatter Seite aktiv. 1861 nimmt der Kampf um das Matterhorn an Spannung zu. Im Auftrage eines Londoner Buchhändlers soll der junge Edward Whymper Alpenskizzen anfertigen. Ihn, der nie zuvor im Hochgebirge war, beeindruckt die stolze Pyramide stark. Mit einem nicht sehr mutigen Führer rückt er dem Felskoloß auf den Leib, muß jedoch bei Höhe 3855 umkehren, während Jean-Antoine und Jean-Jacques Carrel es bis 4032 Meter schaffen. Ab 1862 wächst die Belagerung des »Unbezwingbaren«. 1865 ist Whymper schon im Juni im Wallis; hier sowie im Montblancgebiet gelingen ihm mit den Führern Croz, Almer und Biner hervorragende Unternehmungen.

Am 14. Juli 1865 steht Whymper mit den Führern Taugwalder und Croz und einer recht ungleichen Mannschaft als erste Menschen auf dem Schweizer Gipfel des Matterhorns. Beim Abstieg über das »Dach« geschieht das furchtbare Unglück: Der bergunerfahrene Hadow rutscht aus und fällt auf Croz, wirft diesen um, die nachfolgenden Lord Douglas und Reverend Hudson mit sich reißend. Vater Taugwalder hält das Seil mit unmenschlicher Kraft, bis es vor ihm reißt und die vier Männer in die Tiefe stürzen. Tief erschüttert kehrt Whymper mit den beiden Taugwalders nach Zermatt zurück. Jean-Antoine Carrel steht drei Tage später, vom Breuil aus kommend, auf dem italienischen Gipfel des Matterhorns.

Vier steile, ausgeprägte Grate führen zum Gipfel des Matterhorns: der Furggen-, Zmutt- und Liongrat. Der längste und leichteste ist der Hörnligrat, über den auch die Normalroute verläuft. Er hat die höchste Besucherzahl aufzuweisen.

Wir folgen in *Zermatt* dem Hinweis »Schwarzsee/Hörnlihütte« und verlassen das Dorf in südwestlicher Richtung. Ein breiter Weg führt talein entlang des *Zmuttbaches*, der beim Wegweiser über eine *Holzbrücke* zu queren ist. Durch schattigen Lärchenwald geht es in sanfter Steigung zum Weiler *»Zum See«* (1766 m/1 Std.). Kurz hinter der Jausenstation *Hermettji* (2053 m/+ ¾ Std.) ist die Baumgrenze erreicht. Das Matterhorn baut sich jetzt wuchtiger über uns auf, und der Anblick ist nicht mehr so lieblich wie von Zermatt aus.

Während wir bereits ein schönes Tagespensum geschafft haben (2583 m/1¼ Std.), sitzen die Seilbahnbenutzer längst auf der sonnigen Terrasse des modernen Bergrestaurants (Bedienung + Selbstbedienung) am *Schwarzsee*. Es wurde hier anstelle des berühmten, 1888 erbauten und 1957 bis auf die Grundmauern niedergebrannten »Hotel Schwarzsee« errichtet. Uns hält es nicht lange, denn bis zur Hörnlihütte liegen noch 700 Höhenmeter vor uns. Der Schwarzsee wird an seinem südlichen Ufer umgangen. Zum Greifen nahe liegt das *Hirli*, auch Hörnli genannt, vor uns. Bis zur Grathöhe brauchen wir 1 Stunde. Dann verlassen wir den Hüttenweg und steigen in wenigen Minuten auf den höchsten Punkt des *Hirli* (2888 m/Steinmanderl). Eigentlich wäre hier schon der schönste Aussichtsplatz unserer Wanderung. Nichts beeinträchtigt mehr den Blick auf das edle Horn, und das Panorama der umliegenden Berge ist von großer Eindrücklichkeit: im Südosten liegt der eisumflossene Monte Rosa, im Nordosten die langgezogene Mischabelkette, darunter das tiefeingeschnittene Mattertal. Von Nord nach West reihen sich die Gipfel von Weißhorn, Zinalrothorn, Obergabelhorn und Dent Blanche aneinander.

Dann folgen wir von der Gratsenkung weiter dem Weg zur

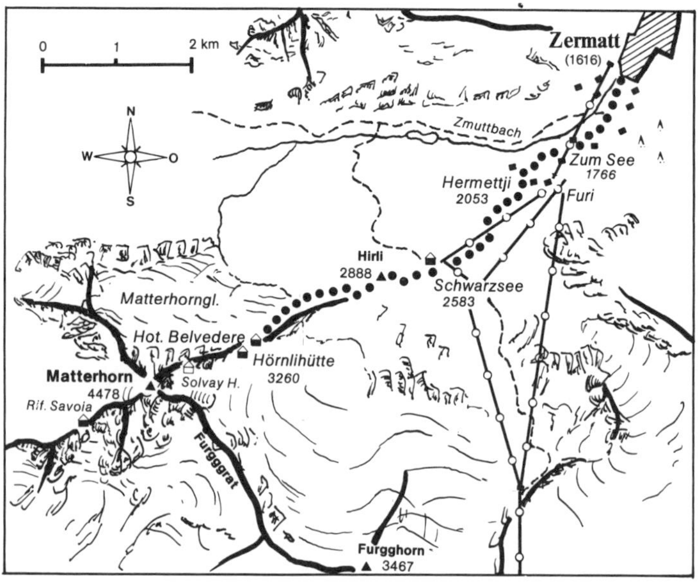

Hörnlihütte, der von den vielen Aufwärtssteigenden deutlich markiert und nicht zu verfehlen ist (3260 m/+ 2¼ Std.).

Wir kehren auf dem Anstiegsweg zum *Schwarzsee* zurück (2583 m/+ 1¼ Std.). Wunderschön ist das Spiegelbild der am westlichen Ufer stehenden weißen Kapelle »Mutter Gottes zum Schnee« (18. Jh.) mit der Dent Blanche im Hintergrund.

Nun geht es per Seilbahn oder in angenehmer Abendwanderung hinab nach Zermatt (1616 m/+ 2 Std.).

Nützliche Informationen

Tourencharakter: Hüttenanstieg; wenn das Wetter umschlägt, nur bis zum Schwarzsee empfehlenswert. **Beste Jahreszeit:** Zum Schwarzsee Juni bis Oktober, zur Hörnlihütte je nach Verhältnissen. **Höhendifferenz:** 1650 Meter Anstieg, 1650 Meter Abstieg. **Reine Gehzeit:** 8½ Stunden, bei Benutzung der Seilbahn bis zum Schwarzsee 5½ Stunden. **Karte:** Wanderkarte Zermatt 1:50000. **Einkehrmöglichkeit:** *Gastwirtschaft Weiler »Zum See«* (1766 m, privat). *Wirtschaft Hermettji* (2053 m, privat), mit schönem Blick auf Zermatt. **Unterkunft:** *Schwarzsee-Hotel* (2583 m, privat), über dem Schwarzsee am Wege zur Hörnlihütte gelegenes Selbstbedienungs- und Bedienungs-Restaurant; 16 Betten, 12 Lager. 2 Minuten von der Bergstation der Seilbahn Zermatt – Schwarzsee entfernt; Sonnenterrasse mit Liegestühlen. Tel.: 028/672263. *Hörnlihütte* (3260 m), SAC-Sektion Monte Rosa, 60 Lager und Betten. Hüttenwirt vom 15. 6. bis 15. 9. Erbaut 1899, verändert 1915, Neubau 1966; liegt am Fuße des Nordostgrates des Matterhorns. Tel.: 028/672769. *Hotel Belvédère* (3260 m), unmittelbar neben der Hörnlihütte, Burgergemeinde Zermatt. 60 Lager und Betten, geöffnet 15. 6. bis 15. 9. Tel.: 028/672264. **Talort:** *Zermatt*, s. Tour 7.

Gornergrat – hochalpiner Schauplatz

Tour 7

Zermatt – Riffelberg – Gornergrat – Riffelalp – Findeln – Zermatt

Der inmitten eines Berg- und Gletschermeeres gelegene *Gornergrat* gilt als einer der berühmtesten und meistbesuchten Aussichtspunkte der Alpen. Daher sollten wir für eine Bergwanderung zum Gornergrat nur einen Tag mit besonders guten Sichtverhältnissen wählen.

Die von 1896 bis 1898 erbaute Gornergratbahn ist eine technische Leistung, die ihresgleichen sucht. Natürlich könnte man die Chance einer möglichst schnellen Beförderung in über 3000 Meter Höhe nutzen. Aber wer ein gesundes Herz und marschfreudige Füße hat, sollte wenigstens bis zum *Riffelberg* hinaufwandern.

Vom Bahnhof kommend, gehen wir in *Zermatt* die Dorfstraße hinab, zwischen Murmeltierbrunnen und Kirche hindurch und queren hinter dem Friedhof die Vispa über eine Brücke, um auf dem orografisch rechten Weg dorfauswärts zu wandern. Bald liegen die letzten Häuser hinter uns. Wir schauen in die kleine Kapelle von *Winkelmatten* hinein. Sie wurde 1607 erbaut und ist der heiligen Familie gewidmet. Die Zermatter führen jährlich fünf Bittgänge vom Dorf nach Winkelmatten aus. Nach Überqueren des *Findelbaches* tauchen wir in schattigen Altwald ein. Im Unterholz blühen bis in den Hochsommer üppige Alpenrosen.

Auf der *Riffelalp* (2222 m/1¾ Std.) treten wir, bereits ein wenig dampfend, ins Freie. Hier errichtete Alexander Seiler, der Förderer Zermatts und des Mattertales, 1856 das erste Berggasthaus. Damit wurde ein für damalige Verhältnisse wichtiger Stützpunkt für die Monte-Rosa-Aspiranten geschaffen. Leider wurde das historische Gebäude auf der Riffelalp 1961 ein Opfer der Flammen (1987 Umbau der restlichen Gebäude bzw. Neubau eines kleinen Berghotels sowie eines Appartementhauses durch die »Seiler Hotels Zermatt«).

In mäßiger Steigung geht es nun auf breiterem Wege zum *Riffelberg* mit großem Hotel, das weithin sichtbar ist. Schön ist der Blick zu den Bergen über dem westlichen Talhang von Zermatt: Obergabelhorn, Wellenkuppe, Zinalrothorn, Weißhorn. Über der Höhe des Riffelberges (2566 m/+ 1¼ Std.) beginnt sich im Süden die weiße Pracht der *Monte-Rosa-Breithorn-Gruppe* aufzubauen. Ab *Station Riffelberg* (2582 m) – wenige Minuten oberhalb des Hotels – gönnen wir uns nun den Luxus der Gornergratbahn. In 20 Minuten sind wir oben (Station 3090 m, Aussichtsplateau 3135 m). Wer einmal das gewaltige Panorama und den unmittelbaren Blick in die Gletscherwelt des Monte Rosa erlebt hat, wird verstehen, warum es Jahr für Jahr Hunderttausende hinaufzieht. Von Weißgrat, Nordend, Dufourspitze und Liskamm ziehen mächtige Eisströme zu Tal: Gornergletscher, Monte-Rosa-Gletscher, Grenzgletscher. Nach Westen folgen die Zwillinge Castor und Pollux – wildzerrissen darunter Zwillings- und Schwärzengletscher. Schließlich das wuchtige Breithorn und das Kleine Matterhorn; sie entsenden Breithorn-, Triftji- und Theodulgletscher. Einem Eismeer gleich breiten sich vor dem Matterhorn Furggen- und Oberer Theodulgletscher aus.

Eine weitere Steigerung ist die Fahrt mit der Luftseilbahn in zwei Sektionen über den *Hohtälligrat* aufs *Stockhorn*. Von der Endstation der Bergbahn (3405 m) sind es bis auf den Gipfel (3532 m) knapp 30 Minuten.

Vom *Gornergrat* kehren wir mit der Bahn zum *Riffelberg* zurück oder in 1¼ Stunden zu Fuß mit lohnendem Abstecher zum *Riffelsee* kurz unterhalb der *Station Rotenboden* (bei Bahnfahrt hier Zwischenhalt machen). Der idyllische Rastplatz im Anblick des Matterhorns bietet dem Fotoamateur prächtige Motive. Weiter geht es zur *Riffelalp* (2222 m/+ ¾ Std.), wo wir ein reizvolles, kleines Steiglein in Richtung Station Riffelalp betreten. Bald ist das nächste Ziel, der *Grüensee* (2316 m/+ 1 Std.) erreicht, der im Hochsommer beträchtlich zusammengeschrumpft. Der schönste Anblick bietet sich hier wie auch beim Wandern durch den Riffelwald zur frühen

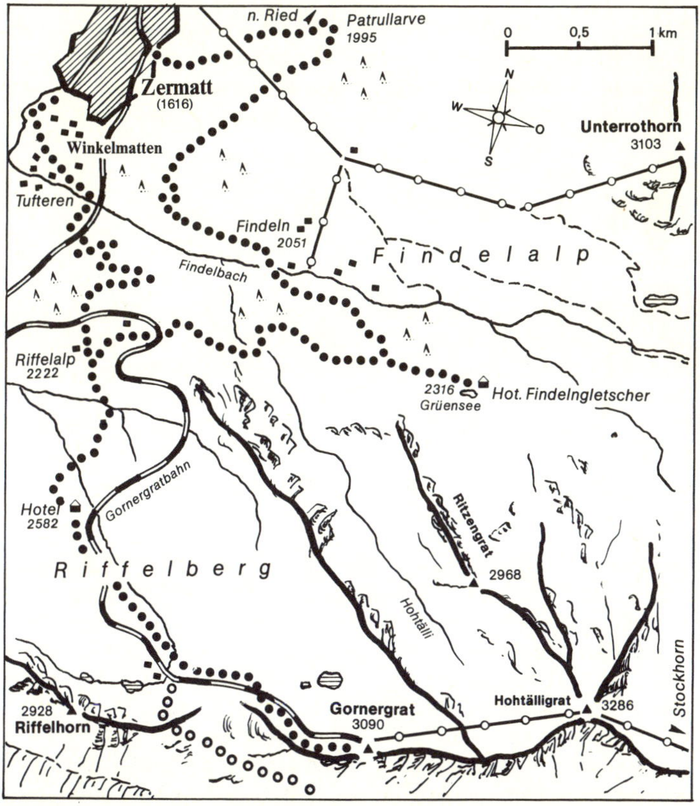

Sommerszeit, wenn die großen Alpenrosensträucher in voller Blüte stehen und das klare Wasser des Sees uns entgegenleuchtet. Erstmals zeigen sich jetzt Rimpfischhorn und Strahlhorn über dem Findelgletscher. Wir kehren in 5 Minuten zum *Hotel Findelgletscher* (2296 m) zurück und wandern von dort (Wegweiser) zum *Findelbach* hinab, queren diesen über eine Brücke, um jenseits über einen sonnigen Hang zum Dörflein *Findeln* wieder an Höhe zu gewinnen (2051 m/+ ¾ Std.). Das Dorf besteht aus mehreren Häusergruppen mit sehr ursprünglichem Charakter. Die 1691 erbaute Kapelle ist geschmückt von einem spätgotischen Altar. In der Umgebung von Findeln soll es die meisten der im Mattertal vorkommenden 300 (!) Schmetterlingsarten geben.

Von Findeln gibt es einen »direkten« Weg nach Zermatt (1 Std.), einen »Umweg« über die Sunnegga (2¼ Std.) oder den *»Promenadenweg über Üssere Wälder«* (1½ Std.), den wir jetzt gemeinsam gehen wollen. 300 Meter hinter der untersten Wirtschaft (Schild) führt ein Weg den Hang hinauf, um sich anschließend fast eben durch wundervollen Nadelwald dahinzuziehen. Wir wollen nicht ganz in die Ried hinauswandern, sondern zweigen an bezeichneter Stelle nach *Tiefmatten* ab, um von dort nach Zermatt zurückzukehren (+ 1½ Std.).

Nützliche Informationen

Tourencharakter: Unschwierige Bergwanderung. **Beste Jahreszeit:** Ende Juni bis Anfang Oktober. **Höhendifferenz:** 1000 Meter Anstieg, 1000 Meter Abstieg. **Reine Gehzeit:** 7 Stunden. **Karte:** Wanderkarte Zermatt 1:50000. **Einkehrmöglichkeit:** Auf der *Riffelalp* (2222 m), privat. *Hotel Findelgletscher* (2296 m; Burgergemeinde), auf einem Hochplateau in der Nähe des Grüensees. *Gastwirtschaften in Findeln* (2051 m), privat (1¼ Stunde von Zermatt). **Unterkunft:** *Riffelberg Hotel* (2566 m), Burgergemeinde Zermatt; 60 Betten und Lager, 10 Minuten von der Station der Gornergratbahn entfernt; großartige Lage inmitten eines Gipfelkranzes. Tel.: 028/672216. *Gornergrat Kulmhotel* (3090 m), Burgergemeinde Zermatt, 30 Betten, 50 Lager. Observatorium. Tel.: 028/672219. **Talorte:** Zermatt (1616 m), autofrei; 5000 Einwohner. Über 12000 Gästebetten in Hotels, Ferienwohnungen und Pensionen. Entlang der Dorfstraße Geschäfte jeder Art. Elektrowagen werden als Personentaxi und für Materialtransport eingesetzt. Sehenswert u. a. Bergsteigerfriedhof, Pfarrkirche, Murmeltierbrunnen, alte Holzhäuser. Lohnend ist der Besuch des Alpinen Museums, dessen Gründung auf das Jahr 1904 zurückgeht. Als »Haus des Matterhorns« wurde es 1958 von der »Alpinen Vereinigung Zermatt« neu gebaut und eingerichtet. Das Ziel dieser Vereinigung ist es, die geistigen Zugänge zum Verständnis der Berge offenzuhalten. Bergführerstation mit etwa 70 Bergführern. Zeltplatz, Schwimmbäder, Sauna, Tennisplätze und -hallen. Gesundheitszentrum (seit 1991); Vita Parcours, Minigolf, Fitneß-Zentrum. Kunsteisbahn (seit 1993), Gletschergarten, Helikopter-Rundflüge. Gornergratbahn (Zahnradbahn), 1 unterirdische Standseilbahn, 9 Luftseilbahnen, 2 Gondelbahnen, 9 Skilifte. Sommerski: Größtes Sommerskigebiet der Alpen zwischen Trockener Steg (2939 m) und Klein Matterhorn (3883 m). Verkehrsbüro Zermatt: CH-3920 Zermatt; Tel.: 028/661181.

Das Breithorn – meistbesuchter Viertausender

Tour 8

Zermatt – Gandegghütte – Breithorn – Zermatt

Das Matterhorn (4478 m), der Alpinismus und die Dynastie Seiler haben im wesentlichen dazu beigetragen, aus Zermatt einen der touristisch attraktivsten Orte der Schweiz zu machen.

Wer Zermatt erleben will, mischt sich am besten unter den bunten Touristenstrom. Morgens um acht Uhr ist es fast menschenleer – doch schon bald wird es lebendig.

Das eigentliche Leben spielt sich in der langen Dorfstraße ab. Sie beginnt beim Bahnhof, ist von Geschäften aller Art sowie Hotels, Pensionen, Cafés und sonstigen Lokalitäten gesäumt, führt am Murmeltierbrunnen und der stattlichen Pfarrkirche vorbei – bis sie sich schließlich im Anblick des Matterhorns zu den grünen Matten hin verliert.

Wer ganz schnell seinen Viertausender »in der Tasche« haben will (Berg- und Gletschererfahrung vorausgesetzt, sonst nur mit Führer), fährt morgens mit der ersten Großkabinenbahn von *Zermatt* zum *Trockenen Steg* (2939 m, hier umsteigen) und weiter aufs *Klein Matterhorn*. Für den Anstieg aufs *Breithorn* sowie Rückkehr zur Bergstation braucht er kaum mehr als 2½ Stunden.

Das *Klein Matterhorn* wird außerdem als Ausgangspunkt für *Castor* und *Pollux* gewählt und bietet dem Skiläufer Abfahrten über *Unteren Theodulgletscher* und *Gornergletscher* nach *Furi* sowie Fahrten in die italienischen Seitentäler. Eine besonders für nicht geübte Berggänger lohnende Gletscherwanderung, die regelmäßig vom Bergführerverein als Gruppentour angeboten wird: *Klein Matterhorn – Gobba di Rollin – Testa Grigia – Trockener Steg* (ca. 2½ Std.).

Auch wenn Sie keine Bergtour machen wollen oder können, ist

die Fahrt mit der Seilbahn aufs *Klein Matterhorn* sehr zu empfehlen. Von der Bergstation (3820 m) führt ein Lift auf den Gipfel (3883 m). Zum Schluß steigt man über eine Eisentreppe zum höchsten Punkt mit großer Plattform. Von hier genießen Sie eine einmalige Aussicht auf die weiten Gletscherflächen und ein gewaltiges Gipfelmeer. Ganz nah der Firngipfel des *Breithorns* – mächtige Eiskalotten hängen in seinen Wänden.

Der Technik zum Trotz schlagen wir für das *Breithorn* eine Zwei-Tage-Tour vor. Von Zermatt folgen wir dem *Schwarzseeweg* bis zur bezeichneten Abzweigung etwa 50 Meter hinter der Wirtschaft *Hermettji* (2053 m/1¾ Std.). Es ist ein Wandern in absoluter Stille und grandioser Landschaft. Monte Rosa und Breithorn sind die dominierenden Eindrücke dieses Hüttenanstieges. Leicht an Höhe gewinnend geht es ins Tal des *Furggbaches*, der bald gequert wird. Durch *»Garten«* und *»Uf der Mur«* zieht sich der steinige Weg höher, bis wir unvermittelt vor der kleinen (privaten) *Gandegghütte* stehen (3029 m/+ 2¾ Std.). Hier finden wir noch ein echtes Bergsteigerdomizil. Die Hütte steht auf den »Lichenbrettern«, einem Felsrücken zwischen Oberem und Unterem Theodulgletscher. Der Anblick der Berge über Zermatt ist so faszinierend, daß uns der Rest des Tages nicht lang wird.

Am nächsten Morgen wandern wir zum *Trockenen Steg* (2939 m/ + ½ Std.) und fahren mit der Bahn auf das *Klein Matterhorn*. Ein etwa 170 Meter langer Tunnel bringt Bergsteiger und Skiläufer von der Bergstation zum *Breithorn-Plateau*, das fast eben zu queren ist. Später folgen wir bei guten Verhältnissen vorhandenen Spuren über einen Steilhang (auf Spalten achten!) – hier können Steigeisen von Nutzen sein. Schon bald stehen wir auf dem Gipfel des *Breithorns*, das sieben Höhenkoten hat (höchster Punkt 4164 m/+ 1½ Std.). Was sich vor unseren Augen auftut, übertrifft alle Erwartungen. Nach Norden reicht die Sicht bis zu den Berner Alpen mit Jungfrau, Mönch, Finsteraarhorn und Aletschhorn. Im Süden entdecken wir den Gran Paradiso, im Westen den Montblanc. Im Nordwesten stehen über dem Mattertal Dent Blanche, Obergabelhorn, Zinalrothorn und Weißhorn, im Nordosten Dom, Täschhorn, Alphubel und Allalinhorn – fast sind sie für uns schon »alte Bekannte« geworden, und doch haben sie immer wieder ein anderes Gesicht.

Im Osten, unmittelbar vor uns, geht der Blick über eine rassige Firnschneide bis zur östlichen Höhenkote des Breithorns: Roccia Nera (4075 m). Es folgen die Zwillinge Pollux und Castor sowie der ganze Monte-Rosa-Stock. Das Matterhorn wirkt von hier recht herb und wuchtig. Nach langer Gipfelrast geht es auf der Anstiegsroute zur Bergstation auf dem *Klein Matterhorn* zurück (3820 m/+ 1

Std.). Am leichtesten gelangen Sie nun natürlich mit der Seilbahn bis nach Zermatt hinab. Bei guten Verhältnissen sollten Sie jedoch nur bis zur Station *Furgg* (2432 m) fahren und von hier zum Ausklang des »Viertausender-Tages« ins Tal hinabwandern (1616 m/ + 2 Std.).

Variante: vom *Breithorn-Plateau* Gletscherwanderung in Richtung *Testa Grigia* fortsetzen, diese westlich liegenlassen und einen etwas steileren Firnhang zum »Skizirkus« zwischen *Plateau Rosa* und *Theodulpaß* absteigen. Oberhalb des Passes steht die italienische *Theodulhütte*. Wir haben ständig das Matterhorn vor Augen. Weiter geht es auf dem *Oberen Theodulgletscher* abwärts.

Noch einmal kommen wir an der kleinen *Gandegghütte* vorbei – der Blick geht unwillkürlich zum Breithorn zurück. Wir können

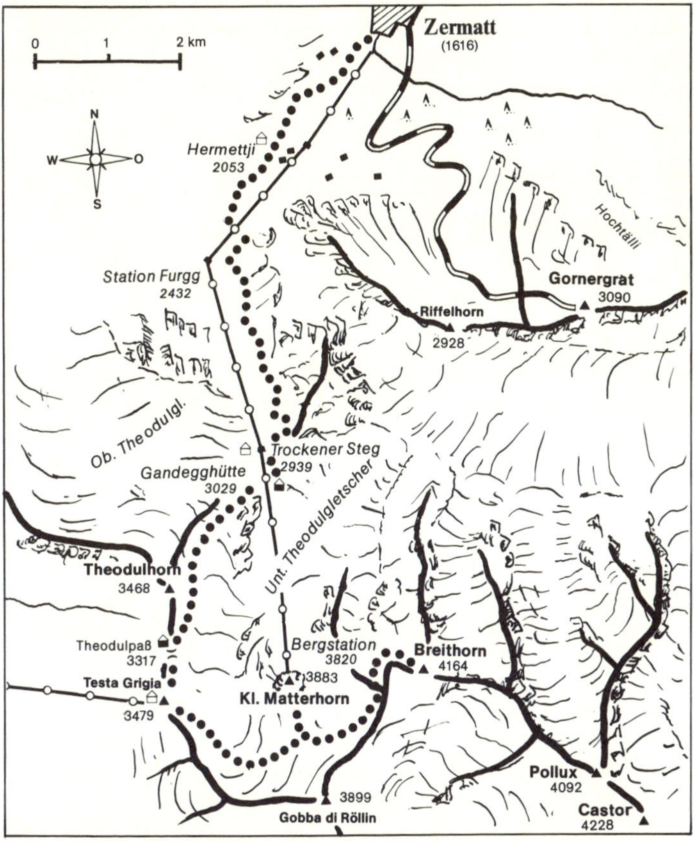

uns kaum vorstellen, daß wir vor wenigen Stunden dort oben in 4164 Meter Höhe Gipfelrast machten. Von Furgg (2432 m/+ 3½ Std.) weiter nach Zermatt (+ 2 Std.).

Nützliche Informationen

Tourencharakter: Zweitägige kombinierte Bergwander-/Hochtour. Seil, Eispickel, Steigeisen. Berg- und Gletschererfahrung sind Voraussetzung, sonst nur mit Bergführer. **Beste Jahreszeit:** Je nach Verhältnissen Mitte Juli bis Anfang Oktober. **Höhendifferenz:** 1760 Meter Anstieg, 1160 Meter Abstieg (Variante: 2040 m Abstieg). **Reine Gehzeit** (bei Seilbahnbenutzung wie vorgeschlagen): 9½ Stunden (Variante: 13 Std.). **Karte:** Wanderkarte Zermatt 1:50000. **Einkehrmöglichkeit:** *Testa Grigia, Trockener Steg, Hermettji, Weiler zum See*. **Unterkunft:** *Gandegghütte* (3029 m, privat), Betten und Lager, 4½ Stunden von Zermatt, ½ Stunde vom Trockenen Steg. *Rifugio Teodulo* am Theodulpaß (3317 m, CAI), Betten und Lager, 1½ Stunden ab Gandegghütte. **Talort:** *Zermatt*, s. Tour 7.

Hochgebirgstour unter dem Balfrin

Tour 9

Saas Fee – Senggboden – Biderbach – Rote Biel – Dirren Berg – Hannigalp – Grächen

Bei Stalden zweigt vom Vispertal nach Südosten das Saastal ab. Es ist ein Tal von ernster, wilder Schönheit – an beiden Seiten von steilen Felsen und Berghängen begrenzt. Erst vor Saas Grund legen sich die Berge etwas zurück, und der Talgrund weitet sich. Der schmale Zugang war lange der Grund für die Isoliertheit dieses herbschönen Bergtales.

Gipfel mit klangvollen Namen und ansehnlichen Höhenmetern beherrschen das Saastal, und erfahrenen Hochtouristen bietet sich eine bunte Palette lohnender Touren in allen Schwierigkeitsgraden. Eine wildromantische Hochgebirgswanderung, die Trittsicherheit und Schwindelfreiheit voraussetzt, kann jeder marschtüchtige Bergwanderer machen, ohne die Dienste eines Bergführers in Anspruch nehmen zu müssen: den »Balfrin-Höhenweg«. Hoch über dem Saastal folgt er alten Pfad- und Steigspuren von Schafhirten und Gemsjägern und wurde von einer Werkgemeinschaft zu einem wanderbaren Weg für trittsichere Bergwanderer ausgebaut. Er zieht sich in einer Höhe zwischen 2000 und 2400

Metern am westlichen Talhang hin und verbindet so Saas Fee (im Saastal) mit Grächen (im Mattertal). Ausgangspunkt ist der Parkplatz am Ortsrand von *Saas Fee*. Wir gehen zur Dorfstraße hinab und folgen dort in nördlicher Richtung dem Hinweis *»Wildi-Bärenfalle«*. Vorbei geht es an der *Seilbahnstation Hannig;* bald lassen wir die asphaltierte Straße hinter uns. Zunächst über Wiesengelände, dann durch lichten Wald, wandern wir zur *Bärenfalle* und weiter zum sagenumwobenen *Senggboden* (2041 m/¾ Std.).

Unbeschwert setzen wir unsere Wanderung durch den freundlichen Biderwald fort – über uns im Osten die Felsen der Senggflüe, durch die der Steinwildpfad zieht. Tief müssen wir den Taleinschnitt ausgehen, um den *Biderbach* (2167 m/+ ¾ Std.) zu queren. Drohend hängt der zerklüftete Bidergletscher über uns. Von fern hören wir das Rauschen des Schutzbaches und durchschreiten das blumenreiche *Stafelälpji*. Nach dem felsigen Durchgang der *Lammugrabe* erreichen wir Punkt 2329. Im Tal zeigt sich die leuchtend weiße Rundkirche von Saas Balen. Dann geht es hinab auf 2095 Meter, um jedoch gleich wieder zur Höhe 2270 hinaufzuführen. Unsere Beine spüren, daß es an Abwechslung nicht fehlt. Aber auch unsere Augen, denn oft wissen wir nicht, wohin wir zuerst schauen sollen: auf die kleinen Dinge zu den Füßen, ins Tal oder zu den Berghängen im Osten, über denen sich Fletschhorn, Lagginhorn und Weißmies jetzt mächtig aufbauen. Nach Queren des *Schweibbaches* (2043 m) gelangen wir ins Gebiet der einsamen *Balfrinalp;* dort sömmern die Grächener, Eistner und Staldner gemeinsam ihre Schafe. Bei Punkt 2227 zweigt ein Weg ins Tal nach Huteggen ab (1 Std.), von wo Postverbindung nach Stalden und Saas Fee besteht.

Auf der *Roten Biel* (2280 m/+2¼ Std./Markierung) hat der Bildhauer August Paris eine Tafel in den Fels gehauen. Wir lesen folgende Aufschrift: »Als Weg in die Stille eröffnete die Werkgemeinschaft Balfrin diesen Höhenweg allen wanderfrohen Menschen.« Schon zieht es uns weiter über Hangschultern und schmale, aber gut ausgetretene Bänder. Hoch oben im Kar hören wir Schafe blöken. Wir holen zu einem letzten Anstieg auf den *Dirren Berg* aus. Von Punkt 2272 blicken wir tief ins Rhônetal hinab. Darüber erhebt sich die Kette der Berner Alpen – als formenschöner Repräsentant im Vordergrund das Bietschhorn mit seinen markanten Graten und Wänden. Zum Schluß wendet sich der Höhenweg nach Westen der *Hannigalp* zu (2214 m/+ 1½ Std.).

Wer Lust hat, stärkt sich auf der Hannigalp und fährt mit der Gondel nach Grächen. Wir jedoch werfen einen Blick in die moderne Kapelle und wandern dann einen Wiesenhang hinab, noch lange das Läuten der Glocken von den braun-weiß gefleckten Kühen

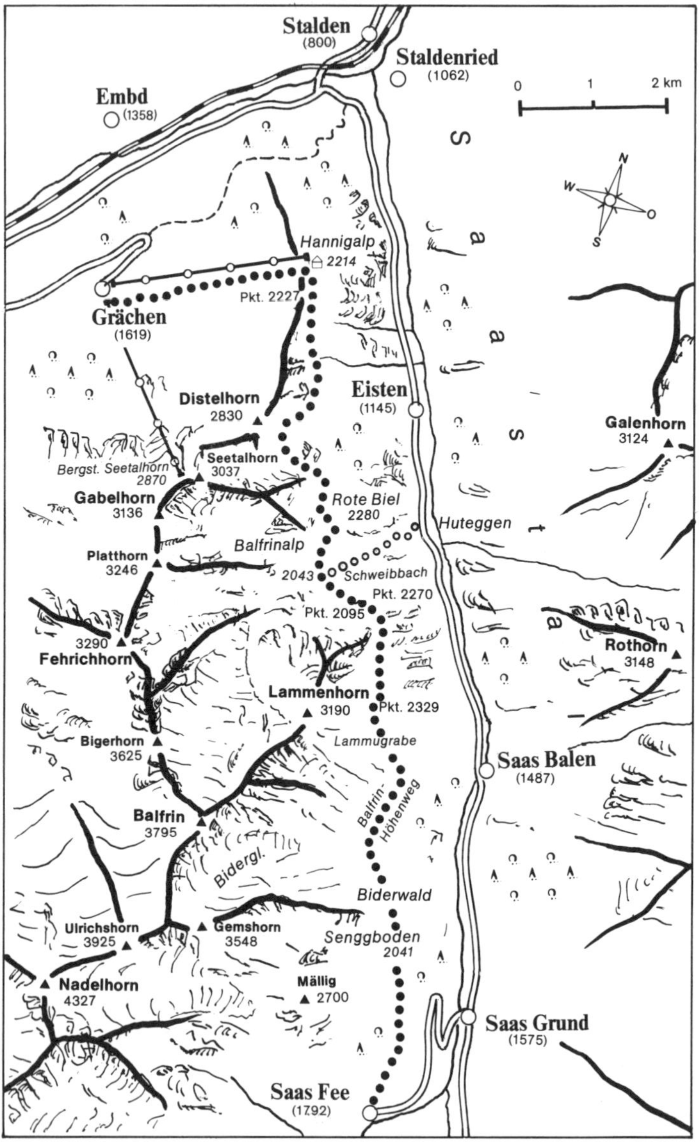

im Ohr – auffallend breit waren die bunten Bänder, die sie um den Hals trugen. Bald nimmt uns schattiger Hochwald auf. Ein gepflegter, breiter Wanderweg ist so recht dazu angetan, den Tag ausklingen zu lassen. Schon grüßt der Kirchturm von Grächen zu uns herauf (1619 m/+ ¾ Std.). Rückkehr: mit dem Bus nach St. Niklaus, per Bahn nach Stalden, von dort per Bus nach Saas Fee. Auch in umgekehrter Richtung ist die Wanderung äußerst reizvoll.

Nützliche Informationen

Tourencharakter: Gebirgswanderung: Trittsicherheit und an einigen Stellen Schwindelfreiheit erforderlich. **Beste Jahreszeit:** Mitte Juni bis Oktober. **Höhendifferenz:** 900 Meter Aufstieg, 1100 Meter Abstieg. **Reine Gehzeit:** 6 Stunden (bei Benutzung der Gondelbahn von der Hannigalp nach Grächen: ¾ Std.). **Karte:** Wanderkarte Saas Fee 1:25000 und Landeskarte der Schweiz 1:50000, Blätter 274 (Visp) und 284 (Mischabel). **Einkehrmöglichkeit:** Unterwegs keine, nur am Ende der Wanderung auf der Hannigalp/Berggasthaus (2114 m). **Talorte:** *Grächen* (1619 m), windgeschützte Sonnenterrasse mit mildem Klima und geringster Niederschlagsmenge des Wallis. Hotels, Chalets und Gruppenunterkünfte (etwa 4500 Betten). Geschäfte, Hallenbäder. Geführte Wanderungen. Beste Wintersportmöglichkeiten, Skilifte, Skischule. 2 Gondelbahnen (Hannigalp 2114 m und Seetalhorn-Bergstation 2870 m). Busverbindung nach St. Niklaus (9 Kilometer). Verkehrsverein: CH-3925 Grächen; Tel.: 028/562727. *St. Niklaus* und *Stalden*, s. Tour 1. *Saas Fee*, s. Tour 13.

Gsponer Höhenweg

Tour 10

Stalden – Gspon – Findeln – Heimischgarten – Saas Grund – Kapellenweg – Saas Fee

Unterwegs auf dem *Gsponer Höhenweg* – das heißt »Schauen, Wandern, Rasten«. Dabei durchstreift man die unterschiedlichsten Vegetationsstufen: üppige Alpwiesen, schattige Arven- und Lärchenwälder und grobes Blockwerk. Bisweilen zieht der Weg entlang einer alten Wasserführe. Ständig ist der Blick gerichtet auf die Gipfel über dem Saastal.

Von *Stalden* fahren wir mit der Gondel über *Staldenried* nach *Gspon*, einer idyllisch gelegenen Höhensiedlung mit romantischem Kapellchen. Bevor wir uns auf den Gsponer Höhenweg begeben, wenden wir unsere Schritte in entgegengesetzte Richtung, bis wir an eine Lichtung kommen (ca. 15 Minuten), von wo aus wir eine herrliche Aussicht auf das Rhônetal und die darüber liegenden

Berner Alpen haben. Einer Pyramide gleich reckt sich das *Bietschhorn* gegen den Himmel. Dieses Panorama kann man fast 2 Stunden lang auf der Wanderung von *Gspon* nach *Visperterminen* genießen. Es ist ein einsames Gebiet, das in verschiedenen Höhenlagen erwandert wird. Eine Rundwanderung dauert 3½ bis 5 Stunden.

Nach dem kleinen Abstecher kehren wir nach Gspon zurück und folgen nun dem Höhenweg ohne merkliche Steigung immer nach Süden. Über dem jenseitigen Talhang baut sich die firnumgürtete *Balfringruppe* auf. Vom Weiler *Findeln* (*Finilu*/2030 m/¾ Std.) geht es ins *Arb*. Hier hat sich der *Leidbach* tief in den Berg hineingefressen. In leichtem Auf und Ab wird die Höhe 2232 erreicht. Wir kommen zur Genossenschaftsalp *Mattwald*, die wie der nahegelegene *Siwiboden* keine Stallungen hat. Die beiden Alpen dienen nur dem Auftrieb von Schafen und Jungvieh aus Staldenried und Eisten. Es folgt schöner Mischwald mit zum Teil uralten Arven, die zwischen riesigen Felsblöcken herausgewachsen sind. Nach Überschreiten des *Mattwaldbaches* queren wir die Alpe *Siwiboden*. Immer eindrucksvoller werden jetzt die Mischabelgipfel im Süden. Und während wir bereits den Hauch der nicht mehr fernen Gletscherwelt über Saas Fee ahnen, zirpen am warmen Sonnenhang unzählige Grillen zwischen Seidelbast und Heidekraut.

Auf einer Lichtung der Hinweis »*Heimischgartu*«. Hier zweigt ein Steig zu den *Weißmieshütten* ab sowie eine Werkstraße zu den im Osten liegenden Bergseen unter dem Grubenferner (für den privaten Pkw-Verkehr gesperrt). Bald darauf ist *Heimischgarten* erreicht (Bergrestaurant; 2121 m/+ 2 Std.). Allalinhorn und Alphubel, zwei der meistbesuchten Firngipfel über Saas Fee, ziehen uns in ihren Bann.

Am 22. August 1987 wurde das letzte Verbindungsstück auf dem nunmehr kompletten Gsponer Höhenweg eingeweiht, und zwar zwischen *Heimischgarten* und *Kreuzboden*. Sie können jetzt also weiter dem Höhenweg folgen (ca. 1¾ Std.) und ab »*Chrizbode*« mit der Gondel ins Tal fahren. Nicht minder reizvoll (und einsamer seit Fertigstellung des Weges zum Kreuzboden) ist der Abstieg nach Saas Grund. Wir wandern über die Voralpen von *Brend* und *Tewaldji*. Wunderbar ist der Tiefblick ins Tal der Saaser Vispa. Dann durchstreifen wir den zum Bannwald von Saas Grund heranwachsenden Föhren- und Lärchenbestand. Eine Zeitlang geht es ziemlich eben in etwa 1800 Metern Höhe über dem Saastal dahin. Von der kleinen *St.-Josephs-Kapelle* ist es nicht mehr weit bis zum Ortsteil »Unter dem Berg« von Saas Grund (1569 m/+ 2¼ Std.). Dunkelbraun sind die Holzhäuser, schmal die Gassen und Wege.

Nun mit dem Bus nach Stalden zurückkehren oder die Wanderung mit einem Abstecher nach *Saas Fee* fortsetzen. Wir wandern

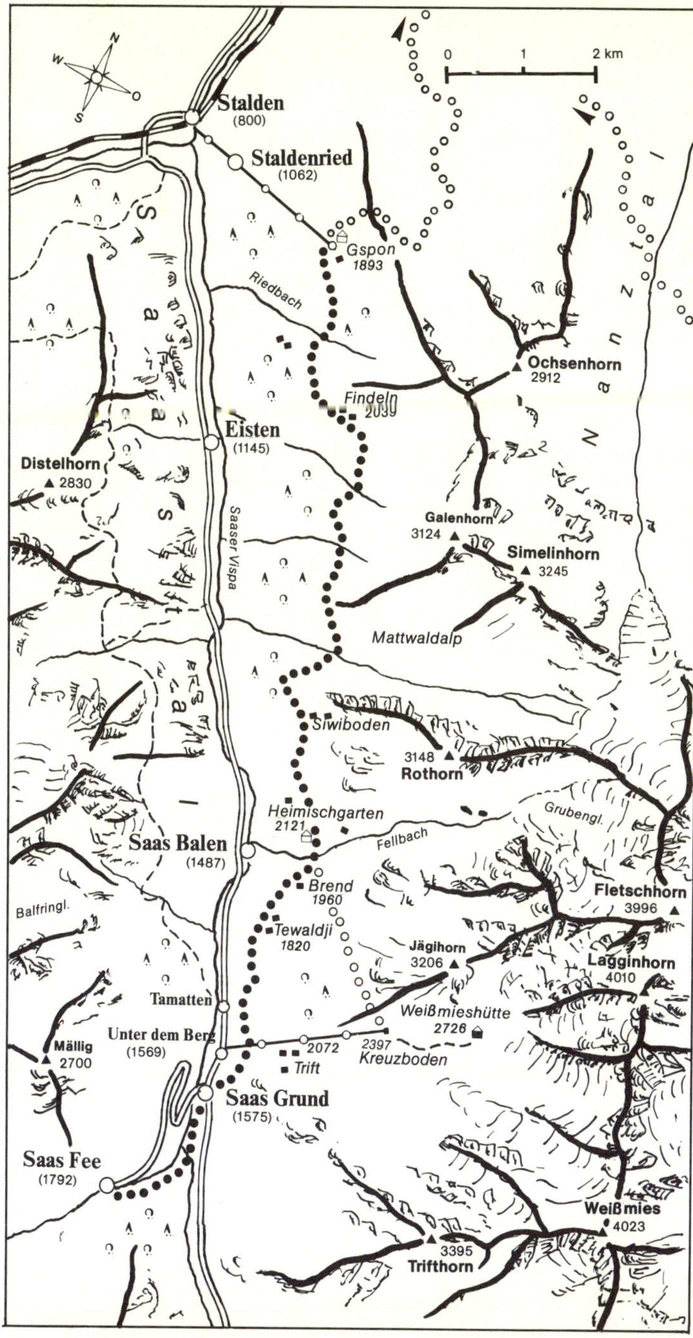

N
W
S
O
0
1
2 km
Stalden
(800)
Staldenried
(1062)
Gspon
1893
Riedbach
Ochsenhorn
2912
Findeln
2039
Eisten
(1145)
Distelhorn
2830
Saaser Vispa
Galenhorn
3124
Simelinhorn
3245
Mattwaldalp
Siwiboden
3148
Rothorn
Heimischgarten
2121
Grubengl.
Fellbach
Saas Balen
(1487)
Brend
1960
Fletschhorn
3996
Balfringl.
Tewaldji
1820
Jägihorn
3206
Lagginhorn
4010
Tamatten
Weißmieshütte
2726
Unter dem Berg
(1569)
2072
2397
Kreuzboden
Mällig
2700
Trift
Saas Grund
(1575)
Saas Fee
(1792)
Weißmies
4023
3395
Trifthorn
Saastal
Nanztal

am orografisch linken Ufer der *Saaser Vispa* zum *Campingplatz am Kapellenweg*, bis kurz darauf rechts (markiert) der *Kapellenweg* nach *Saas Fee* abzweigt. 15 Rosenkranzkapellen, aufgrund eines Gelübdes von privaten Stiftern im Jahre 1709 erbaut, säumen den unvergleichlich schönen felsigen Weg von Saas Grund (1575 m) nach Saas Fee (1792 m). Die 13., die Pfingstkapelle, wurde von der Gemeinde bezahlt. Etwas unterhalb von Saas Fee steht in 1748 Metern Höhe die *Wallfahrtskapelle »Zur Hohen Stiege«* mit prächtigem Barockaltar. Der Steinhauer und Maurermeister Anton Ruppen baute die Kapelle 1687 an dieser Stelle an den Felsen. 1747 wurde sie durch eine italienische Vorhalle vergrößert. Die zahlreichen Votivtafeln, holzgeschnitzte Hände, Füße und Herzen sind ein Beweis dafür, daß Gläubige hier Hilfe fanden. Die große Lärche vor der Kapelle soll aus Macugnaga stammen. Die Gebetshäuschen beherbergen 100 holzgeschnitzte, 60 Zentimeter hohe Figuren, die die fünfzehn Geheimnisse des Rosenkranzes wiedergeben. Die Kapelle bietet mit der Bergwelt von Saas Fee im Hintergrund lohnende Fotomotive.

Besonders reizvoll ist der Weg im Herbst, wenn die Lärchen ihr goldgelbes Kleid angelegt haben – oder am Abend, wenn die Sonne hinter den Bergspitzen der Mischabelgruppe versinkt und Schneefahnen über dem Dom hell durchleuchtet werden. Nach 1 Stunde haben wir *Saas Fee* (1792 m/+1 Std.) erreicht. Überwältigend ist der Anblick der nahen Firngipfel Alphubel, Täschhorn und Dom sowie des tief nach Saas Fee hinableckenden Feegletschers.

Nützliche Informationen

Tourencharakter: Unschwierige Höhenwanderung, die je nach Zeit und Kondition im Norden ab Visperterminen und im Süden bis Kreuzboden und Saas Almagell durchgehend verlängert werden kann. **Beste Jahreszeit:** Mitte Juni bis Oktober. **Höhendifferenz:** 530 bzw. 750 Meter Anstieg, 1050 Meter Abstieg. **Reine Gehzeit** (bei Gondelfahrt ab Stalden): 5 bzw. 6 Std. **Karte:** Wanderkarte Saas Fee 1:25000 und Landeskarte der Schweiz 1:50000, Blätter 274 (Visp) und 284 (Mischabel). **Einkehrmöglichkeit:** *Gspon, Heimischgarten, Kreuzboden*. **Talorte:** *Saas Fee* und *Saas Grund*, s. Tour 13. *Stalden*, s. Tour 1.

Der Steinwildpfad Senggflüe

Tour 11

Saas Fee – Hannighöhe – Mällig – Gebidum – Steinwildpfad Senggflüe – Biderwald – Bärenfalle

Dank der gut ausgebauten Straße sind heute alle Orte des Saastales mit dem Postbus oder eigenem Pkw erreichbar. Von *Stalden* bis *Saas Fee* müssen wir auf einer Länge von 20 Kilometern 1000 Höhenmeter überwinden. Über dem tiefen Taleinschnitt der Vispa schwingen sich im Westen die mächtigen Grate und Flanken der Mischabelgruppe auf Höhen bis über 4000 Meter hinauf in die Region des ewigen Eises. Talein gelangen wir zunächst nach *Eisten* (1145 m).

Dann nach *Saas Balen.* Der Ort liegt auf grüner Talsohle unter den Hängen des Balfrin, dem nördlichsten Gipfel der Mischabelgruppe, die das Saastal vom Mattertal trennt. Sehenswert ist die Wallfahrtskirche Mariä Himmelfahrt.

Weiter geht die Fahrt unter Steinschlag- und Lawinenschutzmauern hindurch. Am alten Saumweg zum Monte-Moro-Paß liegen noch die »Antoniuskapelle zum langen Acker« und die »Dreifaltigkeitskapelle«. *Bidermatten, Tamatten, Saas Grund.* Die Durchfahrtsstraße dieses reizvoll in einer Talweitung gelegenen Bergdorfes ist vorwiegend von neueren Häusern gesäumt. Der alte Ortsteil zieht sich zum östlichen Talhang hin. Bis *Saas Fee,* der »Gletscherstube des Wallis« (autofrei, großer Parkplatz am Ortsanfang), sind es dann nur noch vier Kilometer. Einerlei, wohin der Wanderer seine Schritte von Saas Fee aus lenkt: Immer umgibt ihn eine hochalpine Szenerie, die nur durch Waldzonen oder irgendwelche aufregenden Erlebnisse unterbrochen wird.

Der *Mällig-Höhenweg* ist eine der lohnendsten Wanderungen über dem Bergdorf unserer Wahl. Er bietet die Möglichkeit, Steinwild in völliger Abgeschiedenheit und auf freier Wildbahn zu beobachten. Die Tiere sehen in den Menschen keine Gefahr – sie wissen, daß ihnen nichts geschieht und vertrauen ihnen. Wer dieses seltene Erlebnis genießen will oder zum Fotografieren bzw. Filmen viel Zeit braucht, kann 2 Stunden durch Benutzung der Seilbahn zur Hannighöhe einsparen. Die Talstation ist in knapp 10 Minuten ab Parkplatz oder Dorfmitte Saas Fee in Richtung Wildi (Hinweise) zu erreichen. Doch die Wanderung über den lieblichen *Melchboden* zum *Café Alpenblick* und weiter hinauf zur *Hannighöhe* mit ständigem Blick zu den firngekrönten Mischabelgipfeln ist so beglükkend, daß wir gerne dem Wegweiser »*Stafelwald – Hohenegge – Han-*

nigalp« hinter der großen Dorfkirche folgen und in den frischen Bergmorgen emporsteigen. Bei klarer Fernsicht genießen wir von der Terrasse der Bergstation auf der *Hannigalp* (2350 m/+ 2 Std.) eine herrliche Aussicht. Danach führt uns gleich hinter der Bergstation ein Weg in sanfter Steigung bergan, so daß wir ausreichend Muße haben, uns ganz dem Zauber der grandiosen Berglandschaft hinzugeben.

Schön ist der Tiefblick auf Saas Fee und Saas Almagell. Der angenehme Bergweg zieht sich tiefer ins Mälliggebiet hinein und steigt schließlich auf den ersten felsigen *Mällig-Gipfel* (2700 m/+ 1¼ Std.) hinauf. Jetzt haben wir, wie ein Saaser Werbeprospekt sagt, »ein Alpenpanorama von 360 Grad«: Im Norden liegen die Berner Alpen mit Aletschhorn und Jungfrau, im Westen die Weißmiesgruppe, im Süden die Berge über dem Monte-Moro-Paß und anschließend bis Westen die Mischabelgruppe. Steil fallen die Wände vom Dom ins Tal ab.

Vereinzelt sehen wir beim Aufstieg in einiger Entfernung einen Steinbock und denken: »Soll das alles sein?« Mit diesem Gedanken lösen wir uns von der grandiosen Schau, gehen über gut gestufte Platten auf einen schmalen, ebenen Pfad hinab, um anschließend in leichter Kletterei den höchsten Punkt des *Gebidum* (2764 m/+ ¼ Std.) zu ersteigen. Dann sehen wir sie plötzlich 50 Meter unter uns auf begrüntem Buckel stehen... drei, vier, nein fünf Steinböcke. Wir steigen von »unserem« Gipfel zu ihnen hinab, verhalten uns ganz normal, ohne daß sie sich gestört fühlen. Etwa 10 Meter vor ihnen lassen wir uns nieder. Sie blicken uns gleichgültig, fast teilnahmslos an. In Wirklichkeit beäugen sie uns natürlich – und während wir uns ihnen noch ein paar Meter nähern, erheben sie sich, ganz gemächlich, gehen ein Stückchen weiter und legen sich seelenruhig wieder hin. Noch lange werden wir an dieses Erlebnis denken, wenn wir diese Wanderung in die Stille fortsetzen. Hier und da beobachten wir in der Ferne einzelne Tiere oder auch ganze Rudel, während wir nun eine herbschöne Landschaft durchstreifen. Auf *Höhe 2604* kommen wir zum markierten Aussichtspunkt *»Saastal-Blick«*. Das Erdreich ist übersät von Schusternägeln – 1000 Meter tiefer zieht sich die Straße, einem Bindfaden gleich, über den Talboden. Unser Steig bietet gute Tritte über Felsplatten und weiches Moos, führt uns in ein kleines Tälchen hinein, wendet sich nach Osten und mündet schließlich in den *Balfrinweg* (2142 m/ + 1¼ Std.). Erst nach Überqueren des Biderbaches und des Schutzbaches zeigt ein Wegweiser erneut die Richtung an: nach Norden Grächen, nach Süden Saas Fee. Oberhalb der *Bideralp* wandern wir nun durch den *Biderwald*, eine wahre Urnatur mit zerzausten Lärchen unter langen Bärten, uralten Arven mit dunkelblauen Zapfen, saftigen großen Blaubeeren zum Sattessen und Hängen voller Alpenrosen. Dann schlängelt sich der Weg durch ein Felslabyrinth, abgestorbene Baumstämme liegen dazwischen, und armdikke Baumwurzeln durchziehen den Boden.

Vom Weiler *Sengg* (1798 m/+ ¾ Std.) ist es zwar nicht weit zur Einkehr im Waldhotel Fletschhorn, doch wir folgen dem Hinweis *»Bärenfalle«* und wandern auf einem Panoramaweg am Hang über Saas Grund entlang, den Blick nun wieder ganz auf Allalinhorn, Alphubel und Feegletscher gerichtet (1792 m/+ ½ Std.), bis zu unserem Ausgangsort Saas Fee.

Nützliche Informationen

Tourencharakter: Höhenwanderung auf Steinwildpfaden, Trittsicherheit erforderlich. **Beste Jahreszeit:** Juni bis Oktober. **Höhendifferenz:** 1000 Meter Anstieg, 1000 Meter Abstieg (bei Seilbahnbenutzung bis Hannighöhe nur 450 Höhenmeter Anstieg). **Reine**

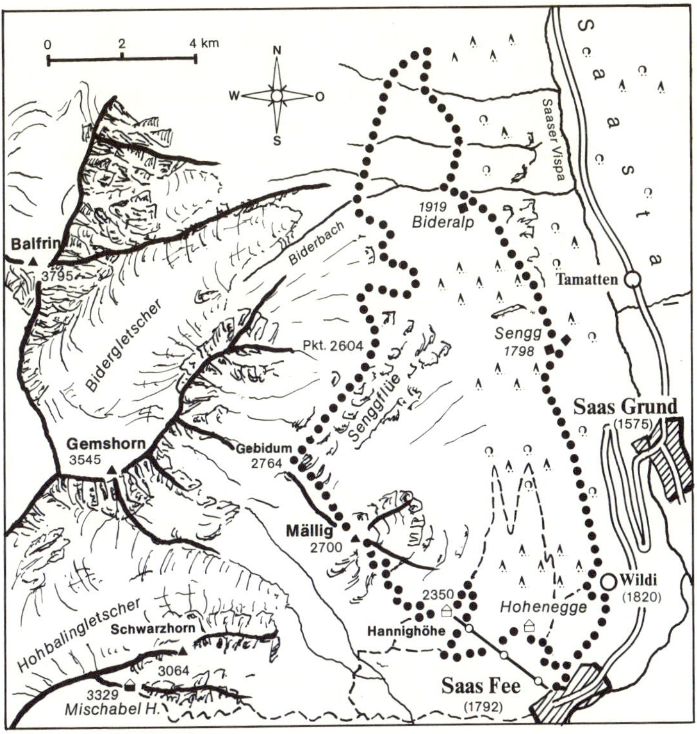

Gehzeit: 6 Stunden (mit Seilbahn 4 Stunden). **Karte:** Wanderkarte Saas Fee 1:25000 und Landeskarte der Schweiz 1:50000, Blätter 274 (Visp) und 284 (Mischabel). **Einkehrmöglichkeit:** *Café Alpenblick* (kurz oberhalb von Saas Fee). **Unterkunft:** *Hotel Hohenegge, Waldhotel Fletschhorn* in Sengg (ca. ½ Std. nördl. von Saas Fee), *Bergrestaurant Hannighöhe*. **Talorte:** *Saas Fee* und *Saas Grund*, s. Tour 13.

Bergwandern unter dem Weißmiesgipfel

Tour **12**

Saas Almagell – Almageller Alp – Almageller Hütte – Kreuzboden – Saas Grund

Seit dem Bau einer SAC-Hütte (1984) im *Wysstal*, wie das *Almageller Tal* in seinem oberen Teil heißt, ist dieses weiträumige, hochgelegene Berggebiet dem Dornröschenschlaf entrissen, ohne überlaufen zu sein. Durch die günstige Lage der *Almageller Hütte* hat sich hier sowohl dem Wanderer als auch dem Kletterer und Hochtouristen ein attraktives Tourengebiet erschlossen. Dabei erfreut sich die Weißmiesüberschreitung besonderer Beliebtheit (Fels- und Eiserfahrung vorausgesetzt, sonst nur mit Bergführer. Ausrüstung: Pickel und Steigeisen). Von der Hütte geht es unschwierig zum *Zwischbergenpaß*, weiter über den felsigen Südgrat (Schwierigkeitsgrad I bis II) in 4 bis 5 Stunden auf den 4023 Meter hohen Gipfel (zurück zur Hütte ca. 3½ Std.). Gerne wird über den *Triftgletscher* nach *Hohsaas* abgestiegen (gut 2 Std.) und mit der Seilbahn über *Kreuzboden* ins Tal nach *Saas Grund* zurückgekehrt.

Mit dem Besuch der hervorragend ausgestatteten Almageller Hütte wollen wir die Wanderung zum *Kreuzboden* verbinden. Vom Dorfplatz in *Saas Almagell* geht es zunächst durch den alten Ortsteil. Dann führt ein Weg in sanfter Steigung zum lärchenbestandenen *Spießwald* empor. Nach Überwindung einer kurzen Steilstufe empfängt uns die Stille des Almageller Tales. Bei *Chuelbrunnji* (2053 m/1 Std.) wird der *Almageller Bach* gequert. Bald darauf liegt das altehrwürdige *Berggasthaus Almageller Alp* vor uns (2194 m/+ ½ Std.).

Unser Weg zieht sich in nordöstlicher Richtung weiter talein. Der in seinem weiteren Verlauf bequeme und angenehme Hüttenanstieg folgt dem alten Saumweg zum *Zwischbergenpaß* (Übergang nach *Gondo*, der Grenzstation Schweiz/Italien). Bei Punkt 2560 (+ 1 Std.) steht ein schönes Holzschild mit Hinweis auf die Hütte. Über gut gestufte Platten erreichen wir schließlich die *Almageller*

Hütte (2894 m/+1 Std.). Von der Hüttenterrasse lassen wir das Panorama im Halbrund von Norden nach Westen auf uns wirken: Weißmies – Portjengrat – Mittelrück – Sonniggrat – Almagellhorn und am eindrucksvollsten die Gipfel von Alphubel, Täschhorn, Dom und Lenzspitze.

Wir kehren auf dem gleichen Weg zur *Almageller Alp* zurück (2194 m/+ 1¼ Std.), dabei ständig die Mischabelgruppe vor Augen. Nun liegt noch der genußreiche Höhenweg zum *Kreuzboden* vor

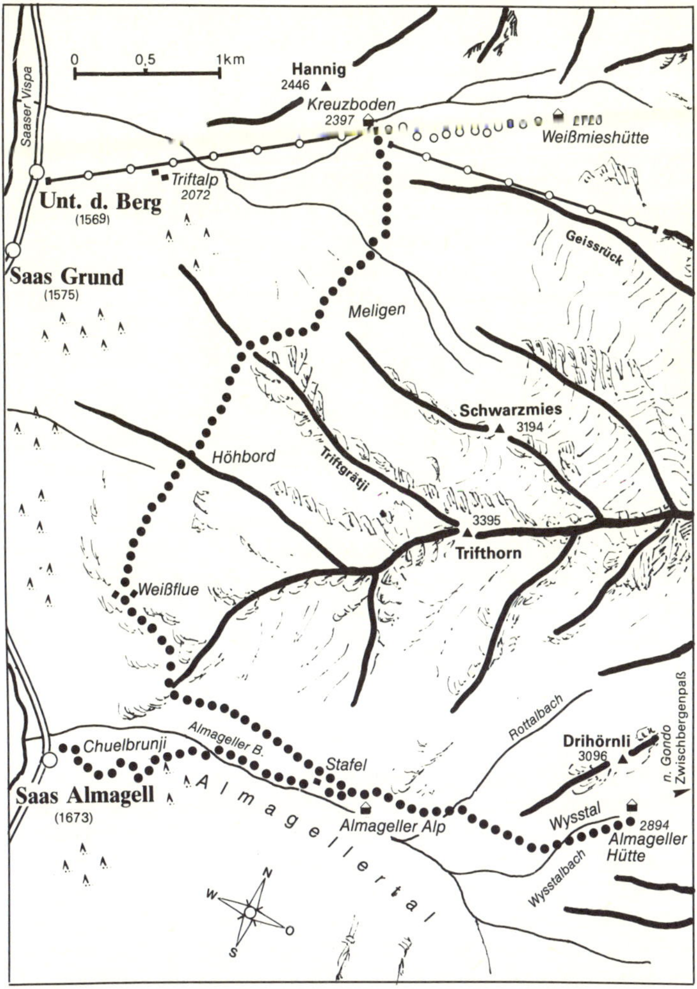

uns, der natürlich auch in anderer Richtung und ohne Hüttenbesuch sehr zu empfehlen ist. Unweit des Berggasthauses (bezeichnet) zieht sich der Steig leicht an Höhe gewinnend nach Westen den Berghang entlang und zwischen mächtigem Blockwerk zur *Weißflue* empor. Nun gabelt sich der Weg: die höhere der beiden Routen wurde 1991, neu angelegt und markiert, eröffnet. Sie führt von der Weißflue am Grundberg vorbei zum Triftgrätji und weiter über Mälliga und Morgsteine zur Bergstation Kreuzboden.

Der Weiterweg verläuft dann nur noch nach Norden. Bei Punkt 2300 (+1 Std.) kreuzen wir den alten Saumpfad, der von hier durch den lichten *Heimiwald* und über den *Grundberg* in einer knappen Stunde ins Tal hinabführt. Am Grundberg gibt es Edelweiß – so groß und leuchtend wie sonst nirgends.

Dieser Höhenweg läßt jeden Wanderer in einmaliger Weise die Großartigkeit der Saaser Bergwelt erleben. Wenn wir den *Kreuzboden* erreichen (»Chrizbode«, 2397 m/+1¼ Std.), wird die Sonne bereits im Westen stehen. Zu Fuß brauchen wir ins Tal noch etwa 2 Stunden. Unser Vorschlag: lassen Sie sich nach dem ausgefüllten Wandertag mit der Gondel nach *Saas Grund* hinabtragen und fahren Sie mit dem Bus zurück nach *Saas Almagell*.

Nützliche Informationen

Tourencharakter: Aussichtsreiche Höhenwanderung mit Hüttenbesuch. Besonders lohnend als Zwei-Tage-Tour mit Nächtigung auf der Almageller Hütte. Für Weißmies Fels- und Gletschererfahrung erforderlich (sonst nur mit Bergführer) sowie Seil, Pickel und Steigeisen. **Beste Jahreszeit:** Ende Juni/Anfang Juli bis Ende September/Anfang Oktober. **Höhendifferenz:** 1650 Meter Anstieg, 900 Meter Abstieg (bei Gondelbenutzung Kreuzboden – Saas Grund, sonst +850 m Abstieg). **Reine Gehzeit:** 7 Stunden (bei Gondelbenutzung wie vorgeschlagen, sonst +2 Std.). **Karte:** Wanderkarte Saas Fee 1:25 000. **Einkehrmöglichkeit:** *Bergrestaurant Kreuzboden* (Bergstation der Gondelbahn Saas Grund – Kreuzboden – Hohsaas). *Waldrestaurant Triftalp* (2036 m, ½ Std. ab Kreuzboden). **Unterkunft:** *Berggasthaus Almageller Alp* (2194 m), Gemeinde Saas Almagell; geöffnet Juni bis September. *Almageller Hütte* (2894 m), SAC-Sektion Niesen (erbaut 1984); 75 Schlafplätze. Geöffnet Ende Juni bis Anfang Oktober (je nach Verhältnissen). Telefon: Hüttenwart und Bergführer Alfred Anthamatten: 028/57 11 79 (Hütte), 028/57 29 55 (Saas Almagell). *Weißmieshütten* (2726 m), SAC-Sektion Olten; auf einer Rasenterrasse am Fuße der Stirnmoräne des Hohlaubgletschers gelegen. 110 Betten (renoviert und modernisiert 1988/89). Geöffnet: Mitte Juni bis Ende September. Telefon: Hüttenwart und Bergführer Arthur Anthamatten: 028/572554 (Hütte), 028/571822 (Saas Grund). *Hohsaas-Hütte* (3098 m), Burgergemeinde Saas Grund; 40 Schlafplätze. Geöffnet von Mitte Juni bis Mitte Oktober. **Talorte:** *Saas Almagell* und *Saas Grund*, s. Tour 13.

Mittel Allalin – Britanniahütte – Plattjen

Tour **13**

Felskinn – Chessjengletscher – Britanniahütte – Klein Allalin – Chessjengletscher – Heidefriedhof – Plattjen – Saas Fee

Die im Dezember 1984 in Betrieb genommene *»Metro Alpin«*, wie diese Standseilbahn der Superlative offiziell heißt, gilt als höchste Bahn dieser Art in der Welt. War das *Allalinhorn* schon von der *Längflue* aus einer der beliebtesten Viertausender (6½ Std. hin und zurück), hat sich die Zahl der »Gipfelstürmer« seit Bestehen der Metro Alpin um ein Vielfaches erhöht, da sich die Bergtour ab Mittel Allalin auf insgesamt 3½ Stunden verkürzt hat. Von extremen Alpinisten wird das Allalinhorn bisweilen etwas abfällig »Damen-Viertausender« genannt. Das sollte jedoch niemanden dazu verleiten, die Tour zu unterschätzen. Sie führt ausschließlich über große, oft stark zerklüftete Gletscherflächen und erfordert entsprechende Bergerfahrung (sonst nur mit Bergführer) sowie Ausrüstung (Seil, Pickel, Steigeisen).

Doch auch ohne die Besteigung des Allalinhorns ist die Fahrt mit der *Metro Alpin* auf den *Mittel Allalin* äußerst lohnend und wird an schönen Sommertagen von unzähligen Touristen genutzt, die den überwältigenden Anblick der nahen Fels- und Firngipfel erleben möchten.

Zunächst geht es von *Saas Fee* mit dem *Alpin Express* (im Dezember 1991 eröffnete neue Luftseilbahn) aufs Felskinn. Anschließend wird die Fahrt mit der *Metro Alpin* fortgesetzt. Die Fahrt dauert wenige Minuten (Fahrgeschwindigkeit 10 m/sec.), dann öffnet sich der Tunnel. Gleißende Bergsonne und glitzernder Schnee blenden die Augen in 3456 Metern Höhe. 14 Viertausender recken sich gegen den stahlblauen Himmel – zum Greifen nahe Allalinhorn, Rimpfischhorn, Alphubel, Täschhorn und Dom sowie Weißmies, etwas ferner die Gipfel der Monte-Rosa-Gruppe. Im Norden ist es die Kette der Berner Alpen über dem Tal der Rhône vom Bietschhorn bis zum Finsteraarhorn.

Vom *Felskinn* wandern wir auf breiter Trasse über den *Chessjengletscher* zur *Britanniahütte* (3030 m/¾ Std.). Der markierte Gletscherweg, der nicht zu verlassen ist, kann unbedenklich auch von gletscherunkundigen, trittsicheren Wanderern begangen werden (keine Ausrüstung, aber Bergstiefel). Die hochalpine Lage der Hütte ist beeindruckend. In wenigen Minuten steigen wir auf das Gipfelplateau des *Klein Allalin* (3069 m) und genießen ein beglückendes Panorama. Tausend Meter hohe Steilhänge senken sich hinab ins Tal von *Saas Almagell*.

Von der *Britanniahütte* folgt ein kurzer steiler Abstieg auf dem

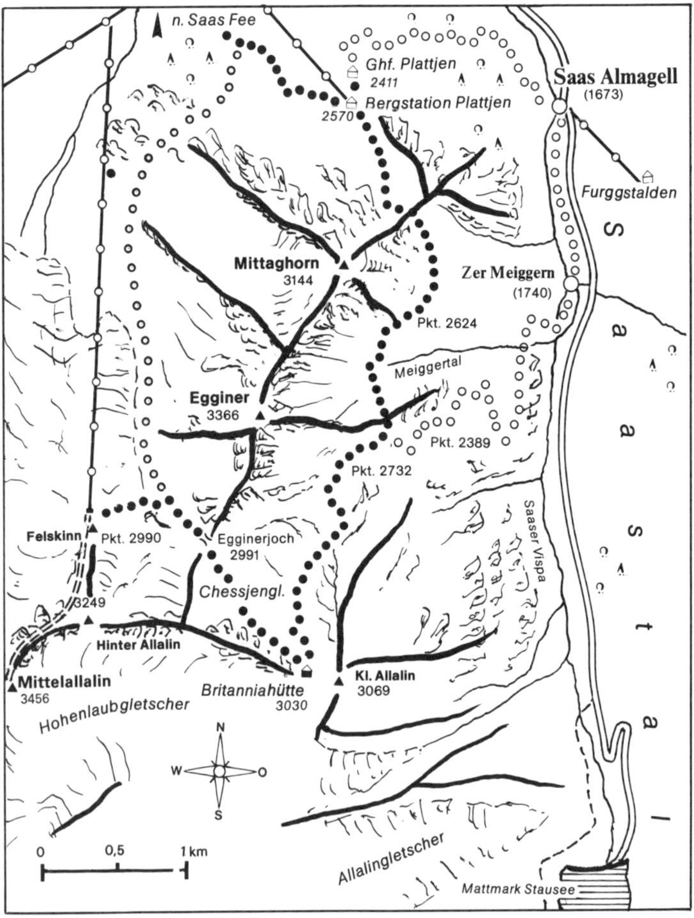

Chessjengletscher (z. T. sulziger Firn auf Eis) zu zwei kleinen *Seelein*, weiter auf gutem Steig über die *Moräne* bis Punkt 2732 (Felsblock mit Hinweisen/+ ¾ Std.). Von hier hübscher Abstieg in 1½ Stunden nach *Zer Meiggern* (20 Min. südl. *Saas Almagell*) und Rückkehr in 1 Stunde nach *Saas Fee* (oder Bus). Noch schöner ist der aussichtsreiche Bergpfad, der hoch über dem Saaser Tal in nördlicher Richtung nach *Plattjen* führt. Zunächst unter den Felsen des *Egginer* über den *»Heidefriedhof«* (Ansammlung mächtiger Felsblöcke). Bei Punkt 2624 öffnet sich ein großartiger Tiefblick auf das Saastal.

Die Hänge vom *Mittaghorn* lehnen sich bald weit zurück und machen den Blick frei auf Täschhorn, Dom, Lenzspitze und Nadelhorn. Von der Bergstation *Plattjen* (2570 m/+ 1 Std.) wandern wir dann, umgeben von großartiger Szenerie, hinab nach *Saas Fee* (1792 m/+ 1½ Std.)

Nützliche Informationen

Tourencharakter: Prächtige Panoramawanderung mit leichter Gletschertraversierung. Vorsicht beim Abstieg von der Britanniahütte. **Beste Jahreszeit:** Juli bis Oktober. **Höhendifferenz:** 100 Meter Anstieg, 1300 Meter Abstieg. **Reine Gehzeit:** 4 Stunden (+ ½ Std. für Bergführerdenkmal auf dem Mittel Allalin). **Karte:** Wanderkarte Saas Fee 1:25000. **Einkehrmöglichkeit:** Drehrestaurant *Mittel Allalin*, Bergrestaurant *Felskinn*, SB-Restaurant *Plattjen* (nahe Bergstation). **Unterkunft:** *Britanniahütte* (3030 m), SAC-Sektion Genève. 113 Lager. Hüttenwart: Ende Februar bis Anfang Oktober. Tel.: 028/572288. Berghaus *Plattjen* (2411 m). **Talorte:** *Saas Fee* (1792 m), autofrei. Sommer- und Winterkurort mit 8500 Gästebetten. Postbusverbindung. Bergsteigerschule. Hallenbäder, Tennisplätze, Gästekindergarten. Saaser Museum (seit 1983 in ehemaligem Pfarrhaus von Saas Fee). 2 Luftseilbahnen, 3 Gondelbahnen, 2 Sessellifte, 18 Skilifte. Metro Alpin (unterirdische Standseilbahn ab Felskinn). Verkehrsbüro: CH-3906 Saas Fee; Tel.: 028/591111. *Saas Grund* (1559 m). Postbusverbindung. 4800 Gästebetten. Gondelbahn: 1. Sektion Kreuzboden (2397 m), 2. Sektion Hohsaas am Fuße des Weißmies. Attraktion: von Mitte Juli bis Ende August jeden Dienstag (nur bei gutem Wetter!) »Sonnenaufgangsfahrt« nach Hohsaas mit anschließendem typischen Saaser Frühstück (tel. Auskunft: 028/572403 oder 028/572262). Verkehrsverein: CH-3910 Saas Grund; Tel.: 028/572403. *Saas Almagell* (1673 m). 1800 Gästebetten. Postbusverbindung. 8 Kilometer bis Mattmark-Stausee (größter Erdstaudamm Europas). Fitneßparcours, Natureisbahn. Sessellift nach Furggstalden (1893 m). Verkehrsverein: CH-3905 Saas Almagell; Tel.: 028/572653.

Zur Mischabelhütte – fast schon eine Hochtour

Tour 14

Saas Fee – Hannighöhe – Schönegge – Mischabelhütte – Schönegge – Stafelwald – Saas Fee

Vor dem Bau der 4 Kilometer langen Straße von Saas Grund nach Saas Fee, die bei einer durchschnittlichen Steigung von 8 Prozent mit Hilfe von zwei großzügigen Kehren 250 Höhenmeter überwindet, war der Bergort nur auf einer Saumstraße und über den *Kapellenweg* zu erreichen. Der Ausbau einer vorzüglichen Bergstraße machte Saas Fee für den Autoverkehr erreichbar, der Ort selbst aber blieb autofrei und der schöne *Kapellenweg* zwischen Saas Grund und Saas Fee erhalten.

Längst hat sich das Bergdorf zu einem der beliebtesten Luftkurorte der Schweiz entwickelt. Verschiedene Seilbahnen sowie eine unterirdische Standseilbahn (Metro Alpin) tragen den Touristen bis tief ins Herz der Gletscherwelt – sei es nun zur Hannighöhe, zum Plattjen, zum Felskinn, aufs Mittel Allalin oder auf die Längflue.

Nicht selten üben hochgelegene, noch unschwierig erreichbare Hütten eine magische Anziehungskraft auf Bergwanderer aus. Dazu gehört auch die Mischabelhütte, die vorwiegend als Stützpunkt für hochalpine Touren dient. Man braucht von Saas Fee gut 4½ Stunden hinauf. Um eine knappe Stunde läßt sich der Anstiegsweg abkürzen, wenn man mit der Seilbahn zur Hannighöhe (2350 m) hinauffährt.

Oberhalb der *Bergstation Hannig* (bezeichnet) wendet sich der zunächst breite Weg (Skiabfahrt) nach Westen und bald darauf in ein Seitentälchen. Prächtig bietet sich uns der Hohbalmgletscher mit seinen Eistürmen dar. Bis zur Querung des *Torrenbaches* verlieren wir etwa 70 Höhenmeter und verlassen nach 25 Minuten den *Weg der Gemsen*. (Nach kurzem Abstieg zum Triftwald führt ein attraktiv angelegter Pfad über den Gletschersee und das Café Gletschergrotte, später durch schönen Lärchenwald in 4 Stunden zum Plattjen.) Wir überwinden an geeigneter Stelle ein vereistes Altschneefeld am Abfluß des Hohbalmgletschers. An einem Felsen steht in großen Buchstaben *»Mischabelhütte«*. In mäßiger Steigung zieht sich der schöne Weg den begrünten Moränenrücken höher hinauf zum Aussichtspunkt *Schönegge* (2448 m/+ ¾ Std.). Während über Saas Fee tief unter uns noch der Morgendunst liegt, zirpen am warmen Sonnenhang bereits die Grillen.

Hier kommt auch der Talanstieg durch den Triftwald herauf (2

Std.). Wir blicken nach Osten auf Fletschhorn, Lagginhorn und Weißmies. Unser Weg führt unter den Südhängen des Distelhorns Kehre um Kehre höher. Wie ein Adlerhorst thront die Mischabelhütte hoch über uns in den Felsen. Unterhalb von *Punkt 2806* (+1 Std.) wendet sich der Saumpfad nach Westen durch ein Geröllfeld bis nahe an den Abfluß des *Fallgletschers* (+¾ Std.). Etwa ab *Höhe 2900* geht es in leichter Kletterei durch reines Felsgelände (zum Teil drahtseilgesichert) – an Wänden entlang, luftig über Bänder und Rippen, stets mit guten Griffen und Tritten. Steigspuren ziehen sich in ständigem Zickzack steil empor. Nirgends gibt es echte Schwierigkeiten, aber Trittsicherheit und Schwindelfreiheit sind unbedingt Voraussetzungen. Und beim Abstieg, besonders wenn die Felsen naß sind, ist Vorsicht geboten.

Frohgestimmt klettern wir diese letzten 400 Höhenmeter, zum Schluß über einen schwach geneigten Hang, zur *Mischabelhütte* hinauf (3329 m/+1 Std.). Man kann ganz einfach nur schauen. Unmittelbar vor uns reckt sich der Dom steil gegen den tiefblauen Himmel. Viel einschmeichelnder präsentieren sich Allalinhorn und Alphubel im Süden. Wie ein Eismeer breitet sich der Feegletscher davor aus. Deutlich erkennen wir Hohlaubgrat, Mittel Allalin und Hinter Allalin sowie den Gletscherweg vom Felskinn zur Britanniahütte. Wir versuchen anhand der Karte auch die Berge im Anschluß an die Weißmiesgruppe im Osten zu bestimmen: Port-

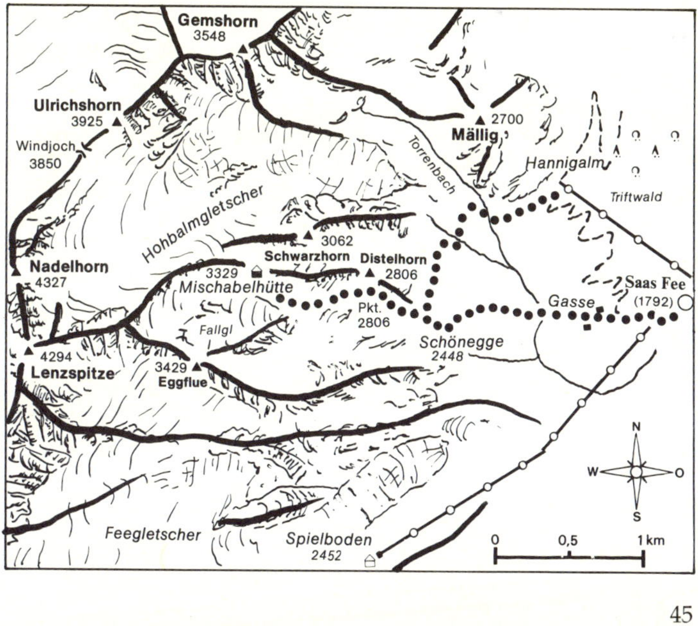

jenhorn, Portjengrat, Sonnighorn, Cresta di Saas, Punta di Saas, davor Nollenhorn und Stellihorn. Im stillen beneiden wir die Bergsteiger, die jetzt am laufenden Band aus dem Tal heraufkommen. Sie werden inmitten dieser hochalpinen Szenerie den Abend verbringen, hier nächtigen und am nächsten Tag »ihren« Gipfel machen. Die hochgelegene Mischabelhütte ist nur wenige Wochen im Jahr bewirtschaftet und wird daher, besonders nach einer Schlechtwetterperiode, vom Ansturm der Bergsteiger nahezu überrollt.

Wir steigen nach langer Schaupause auf dem gleichen Weg nach *Schönegge* (2448 m/+ 1¾ Std.) zurück. In vielen Kehren verlieren wir schnell an Höhe, vorbei geht es am Abzweig des Gemsweges nach *Plattjen*, der *Torrenbach* wird über eine Brücke gequert, und schon sind wir bei der mächtigen *Lawinenschutzmauer*, die Saas Fee vor den Kräften der Naturgewalten schützen soll. Wir durchschreiten sie und befinden uns nun in dem viel gerühmten *Stafelwald* (Bannwald) mit seinen 600- und 700jährigen Lärchenbäumen. Ihr Ursprung läßt sich bis auf die Geburtsstunde der Eidgenossenschaft zurückverfolgen. Über den Weiler *Gasse* kehren wir nach Saas Fee zurück (1792 m/+ 1¼ Std.).

Nützliche Informationen

Tourencharakter: Lohnender Hüttenanstieg, der im letzten Felsstück Trittsicherheit und Schwindelfreiheit erfordert. **Beste Jahreszeit:** Mitte Juni bis Oktober, der direkte Hüttenanstieg je nach Verhältnissen. **Höhendifferenz:** 1050 Meter Anstieg, 1600 Meter Abstieg. **Reine Gehzeit:** Bei Benutzung der Seilbahn zur Hannighöhe 6½ Stunden, zu Fuß ab Saas Fee 7½ Stunden. **Karte:** Wanderkarte Saas Fee 1:25000. **Unterkunft:** *Mischabelhütte* (3329 m; Akademischer Alpenclub Zürich); gelegen auf der Felsrippe, die den Hohbalmgletscher vom Fallgletscher trennt. Erbaut 1901/02, vergrößert 1944. 1975 zusätzlicher Neubau. Die alte Hütte wird als Not- und Winterlager benutzt. 120 Lager/Betten; Hüttenwart während der Saison. Tel.: 028/571317. *Bergrestaurant Hannighöhe* (2350 m). **Talort:** *Saas Fee*, s. Tour 13.

Allalinhorn und Alphubel – Firngipfel über Saas Fee

Tour 15

Saas Fee – Gletscheralp – Spielboden – Längflue – Alphubel – Längflue – Saas Fee

Wer den Kapellenweg von Saas Grund nach Saas Fee hinaufsteigt, dem leuchtet schon bald die von Osten fast behäbig wirkende Schneekuppe des Alphubels zwischen den Zweigen der Lärchen entgegen. Von der *»Kapelle zur hohen Stiege«* an wird der Anblick immer gewaltiger. Die Erstbesteigung des Alphubel glückte wie so oft in der Geschichte der Westalpen einem Engländer: Sir Leslie Stephen mit den Führern Melchior Anderegg und Peter Perren im August 1860. Wer vermag sich heute noch vorzustellen, wo Seilbahnen oft mehr als 1000 Höhenmeter Weg ersparen und Hütten in großen Höhen stehen, welche Mühen es damals kostete, einen solchen Gipfel zu bezwingen.

Der Alphubel, mit seinen 4206 Metern ein ansehnlicher Viertausender, ist ein beliebtes Hochtourenziel. Sein großes Gipfelplateau mit dem bis dort hinaufführenden Feegletscher ermöglicht selbst Skibesteigungen bis auf den höchsten Punkt.

Eine interessante Route führt den Sommerbergsteiger von Westen (Ausgangspunkt Täschhütte im Mattertal) über den Alphubelgletscher und das Alphubeljoch auf den Gipfel. Weitaus häufiger wird der Berg jedoch von Osten aus dem Saastal erstiegen, zumal Bahnen den Alpinisten bereits hoch hinauftragen.

Konditionsstarke und ausdauernde Bergsteiger mit entsprechender Ausrüstung machen gerne die Überschreitung Allalinhorn – Alphubel. Mit der Luftseilbahn *Alpin Express* zum Felskinn, weiter mit der *Metro Alpin* zum Mittel Allalin. Dann folgt die Besteigung des Allalinhorns; anschließend geht es über Feejoch, Feekopf und Alphubeljoch auf den Alphubel. Nach Abstieg zur Längflue mit der Seilbahn zurück ins Tal.

Vor dem Bau der Metro Alpin gehörten Allalinhorn und Alphubel zum »Standardprogramm« von der Längflue aus. Heute geht man vorwiegend (da wesentlich kürzer) vom Mittel Allalin aufs Allalinhorn, während für den Alphubel auf der Normalroute nach wie vor die Längflue als Ausgangspunkt gewählt wird. Es liegt schon Jahre zurück, als wir das erste Mal auf der Längflue waren. Da riet uns ein Walliser Bergführer: ». . . geht erst aufs Allalinhorn. Den Alphubel hat mancher nicht gepackt und ist umgekehrt. Aufs

Allalinhorn hat's ihn dann auch nicht mehr gezogen.« Der Rat war gut, und die beiden Gipfelbesteigungen wurden zu einem beglükkenden Erlebnis für uns.

Statt mit der Seilbahn auf die Längflue zu fahren, wollen wir hochwandern, um am nächsten Morgen, bevor es hell wird, die Gipfeltour zu beginnen.

Beim *Saaserhof* verlassen wir nach rechts die Dorfstraße von Saas Fee. Ein Weg führt am orografisch linken Ufer der Vispa entlang durch ein Wiesengelände an den Fuß der Gletschermoräne, die mit lichtem Lärchenwald bestanden ist. Vorbei am *Gletschersee* geht es in kurzem Anstieg zum idyllisch gelegenen Café-Restaurant *Gletschergrotte* (ca. 2000 m/¾ Std.). Eindrucksvoll ist der Blick auf die dunklen, steilen Felswände von Täschhorn und Dom. Wir befinden uns jetzt auf dem Gemsweg zwischen Hannig und Plattjen, den wir beim Wegweiser *»Spielboden«* nach rechts verlassen, um durch ein mäßig steiles Alpgelände aufzusteigen.

Die *Gletscheralp,* die wir im Aufstieg zum Spielboden durchqueren, ist ein abwechslungsreiches, fruchtbares Gebiet, das am Fuße der mächtigen Mischabelberge zwischen zwei gewaltigen Armen des Feegletschers eingebettet liegt. Inmitten dieser wildromantischen Umgebung blüht eine üppige Alpenflora. Über das Murmel-

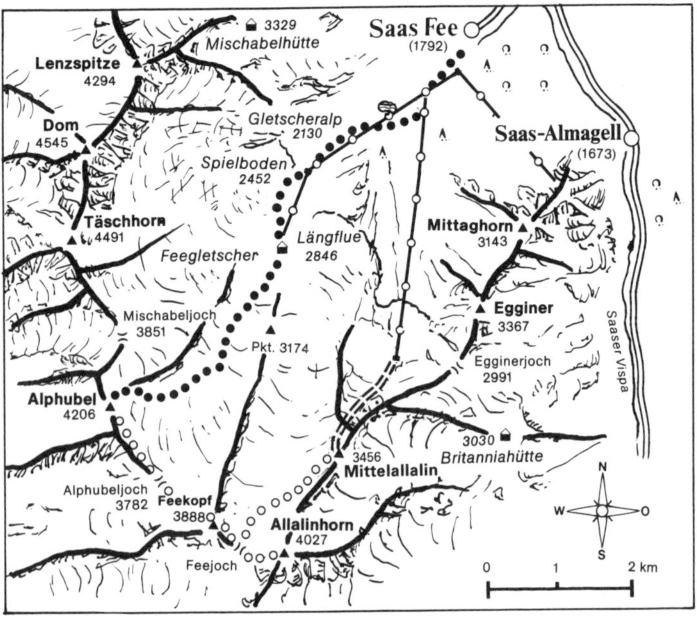

tierschongebiet zieht sich der Steig weiter hinauf zum *Spielboden* (2452 m/+ 1¾ Std.).

Der anschließende Saumpfad zieht sich über Gletscherschiffe mühelos höher in die Welt des ewigen Eises, zum Schluß kurz über einen Moränengrat zum Bergsteigerheim *Längflue* (2870 m/ + 1½ Std.). Die Bergstation der Seilbahn liegt wenige Meter tiefer.

Tagsüber herrscht auf der Längflue ein unbeschreiblicher Rummel. Doch wenn die Schatten länger werden und die letzte Seilbahn ins Tal fährt, kehrt unter Täschhorn und Dom die ersehnte Stille ein.

Eine Stunde vor Tagwerden ist Aufbruch. Noch steht der Mond am Himmel. Wir stolpern aus der Helligkeit des Hauses in die Dunkelheit hinaus. Im Nu ist alle Müdigkeit verflogen. Schnell gewöhnt sich das Auge an das karge Licht. Gletscherkenntnis und ein guter Seilgefährte bedeuten allerdings noch lange nicht, daß man sich im Dunkeln zurechtfindet. Am Tage sieht alles so einfach aus... Es empfiehlt sich daher, von der Hütte aufzubrechen, solange es auch andere Seilschaften noch tun. Man beobachtet gerade noch, wie sich Gruppen auf die Tour vorbereiten, Seilzeug anlegen und die Rucksäcke überhängen – und ganz plötzlich sind sie verschwunden, wie von der Dunkelheit verschluckt. Wir folgen den Lichtern, die wie Glühwürmchen den steilen, von den Tagesgästen zertrampelten Hang hinaufziehen. Dann beginnt der Morgen heraufzudämmern, die Stirnlampen können verstaut werden. Der Feegletscher gleicht einer arktischen Landschaft, übergossen von den rotgoldenen Farben eines fantastischen Sonnenaufganges.

Je nach Verhältnissen erfordern Spalten Aufmerksamkeit, Schneebrücken sind (besonders später beim Abstieg) auf ihre Tragfähigkeit hin zu prüfen. Zum Schluß noch ein Bergschrund, der zeitweilig etwas schwierig sein kann. Wer da keinen Pickel mit hat, ist schlecht dran. Endlich stehen wir auf dem Gipfel des *Alphubels* (4206 m/+ 5 Std.). Die Rundschau ist gewaltig: hinter Rimpfischhorn und Strahlhorn breitet sich im Süden über einem Gletschermeer die Monte-Rosa-Gruppe aus – markant reckt sich im Südwesten das Matterhorn gegen den Himmel, nach Westen schließen sich Dent Blanche, Obergabelhorn, Zinalrothorn und Weißhorn an. Geht der Blick nach Norden, bauen sich unmittelbar vor uns Täschhorn und Dom auf – etwas ferner liegt die Kette der Berner Alpen über dem Rhônetal. Nach langer Gipfelrast kehren wir auf der morgendlichen Route zurück zur *Längflue* (+ 2½ Std.). Zu Fuß brauchen wir ins Tal etwa 2 Stunden – aber nach einer so runden Gipfeltour sollten wir uns für die Talfahrt mit der Seilbahn entscheiden.

Nützliche Informationen

Tourencharakter: Zweitägige kombinierte Bergwander-/Hochgebirgstour. Gletschererfahrung und komplette Ausrüstung (u. a. Seil, Pickel, Steigeisen) erforderlich. Unerfahrene nur mit Bergführer. **Beste Jahreszeit:** Mitte Juli bis September/Oktober. **Höhendifferenz:** 2440 Meter Anstieg, 1340 Meter Abstieg (bei Seilbahnbenutzung Saas Fee – Längflue 1100 m weniger Anstieg). **Reine Gehzeit:** 11½ Stunden (bei Seilbahnbenutzung Saas Fee – Längflue 4 Std. weniger). **Karte:** Wanderkarte Saas Fee 1:25000. **Einkehrmöglichkeit:** Café-Restaurant *Gletschergrotte* (geöffnet Mitte Februar bis 1.5. sowie Mitte Juni bis Mitte/Ende Oktober). Tel.: 028/572160. Bergrestaurant *Spielboden* (Zwischenstation der Seilbahn). Sonnenterrasse mit Liegestühlen. Murmeltierfütterung. **Unterkunft:** Panorama-Restaurant *Längflue* (Endstation der Seilbahn von Saas Fee), in hochalpiner Lage über dem Feegletscher. Sonnenterrasse mit Liegestühlen. Touristenlager mit Halbpension. Ausgangspunkt großartiger Gletschertouren auf die umliegenden Gipfel. Tel.: 028/572132. **Talort:** *Saas Fee*, s. Tour 13.

Über den Monte-Moro-Paß zum Monte Rosa

Tour 16

Mattmark-Stausee – Macugnaga – Rifugio Zamboni – Rosareccio – Macugnaga – Mattmark-Stausee

Die Monte-Rosa-Gruppe hat sechs Viertausender-Gipfel, der höchste und bedeutendste ist die Dufourspitze. Seit der Erstersteigung ist der Monte Rosa zum Anziehungspunkt für Bergsteiger, Skiläufer und Touristen aus der ganzen Welt geworden.

Die Erschließer vollbrachten abenteuerliche Leistungen – waren doch alle Anstiege aus dem Tal durchzuführen, während heute den Alpinisten Hütten und Biwakschachteln zur Verfügung stehen. 1801 wird der erste Gipfelsieg errungen. In den Jahren 1819, 1820 und 1822 finden Vincent-Pyramide, Ludwigshöhe und Zumsteinspitze ihre Meister. Erst 20 Jahre später wird die Signalkuppe (Punta Gnifetti) erobert. Am 1. August 1855 setzen die ersten Menschen ihren Fuß auf den »höchsten Spitz« (Kugy). Dem Saaser Ferdinand Imseng gelingt 1872 die erste Durchsteigung der gefürchteten Monte-Rosa-Ostwand. Der Bergwanderer kann auf unschwierigen Wegen die *Monte-Rosa-Ostwand* bewundern.

Wir fahren mit dem Bus oder Pkw (Parkplatz unterhalb der Krone des Staudammes) zum *Stausee Mattmark* im Talschluß des Saastales (2203 m). Von seinem Zufluß am südlichen Ende (2238 m/ ¾ Std.) zieht sich der Weg ins Tälli hinein. Bei Punkt 2321 überqueren wir den *Stafelbach*, bevor er in die Vispa mündet. Nun geht es steiler zum Tälliboden hoch (2500 m/+ 1¼ Std.), schließlich über gestufte Platten, aus der Zeit, da Maultierkarawanen über diesen Saumpfad zogen, zum *Monte-Moro-Paß* (2868 m/+ 1¼ Std.). Hier steht die 4 Meter hohe *Madonna delle Nevi*. Großartig präsentiert sich uns das Monte-Rosa-Massiv mit seiner eisdurchsetzten Ostwand. Wir fahren anschließend mit der Seilbahn hinab und begeben uns von der *Macugnaga-Staffa* auf der alten Dorfstraße nach *Macugnaga-Pecetto* (mit der Sessellift-Talstation zum *Belvedere*). Wenn wir den Sessellift als Aufstiegshilfe benutzen, können wir 1¾ Stunden Gehzeit ersparen. Wer jedoch zur Zambonihütte hochwandern will, folgt dem Hinweis bei der Station *»Alpe Burchi – Belvedere«*, quert die Anza über eine Brücke und steigt durch schö-

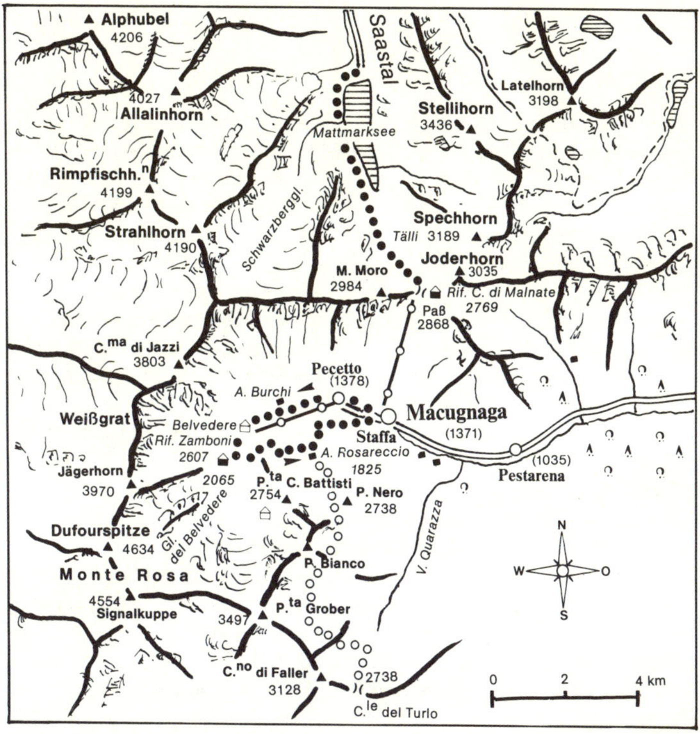

nen Lärchenwald zur *Alpe Burchi* auf (1581 m/+ ¾ Std.). Der Weg wird steiler und führt zur Wirtschaft *Belvedere* nahe der Sesselliftstation (1904 m/+ 1 Std.). Dann steigen wir auf einen Seitenarm des Ghiacciaio Belvedere hinab, queren ihn unschwierig, um uns am jenseitigen Ufer wieder zur Seitenmoräne hinaufzubegeben. Vom Scheitel der Moräne gelangen wir in das Alpgebiet von *Pedriola* mit den Hütten von *Zamboni und Zappa* (2065 m/+ ¾ Std.).

Am folgenden Morgen wandern wir auf dem *Sentiero S. Saglio* ohne jegliche Anstrengung nach *Piani alti di Rosareccio* (2093 m/+ 1 Std.). Ein Weg führt von hier hinab nach Macugnaga. Bei der *Alpe Rosareccio* (1825 m) gelangen wir in ein malerisches weites Tal. Wunderbar ist der Blick auf die Ostwand und ins Tal von Macugnaga. In *Macugnaga-Staffa* (1307 m/+ 1¾ Std.) gibt es nun zwei Möglichkeiten. Entweder fahren wir mit dem Bus durch das liebliche Valle Anzasca über Piedimulera und Domodossola nach Iselle, von dort mit der Lötschberg-Simplon-Bahn nach Brig und weiter per Bus ins Saastal *oder* wir kehren mit der Seilbahn zum Monte-Moro-Paß zurück und wandern genüßlich zum Stausee Mattmark hinab (2203 m/+ 2 Std.).

Nützliche Informationen

Tourencharakter: Zweitägige unschwierige Bergwanderung. **Beste Jahreszeit:** Ende Juni bis Anfang Oktober. **Höhendifferenz:** 1400 Meter Anstieg, 1400 Meter Abstieg (bei Benutzung des Sesselliftes zum Belvedere 540 m weniger im Anstieg). **Reine Gehzeit:** 10½ Stunden. **Karte:** Landeskarte der Schweiz 1:50000, Blatt 284 (Mischabel). Für Variante zusätzlich Blatt 294 (Gressoney); besser und aktueller: IGC 1:25000, Blatt 109: Monte Rosa (mit Alagna, Macugnaga, Gressoney). **Einkehrmöglichkeit:** *Restaurant* unterhalb der Krone des Mattmark-Stausees, *SB-Restaurant* bei der Monte-Moro-Bergstation, *Restaurant Belvedere*. **Unterkunft:** *Rifugio* Gaspare Oberto (2769 m), CAI-Sektion Malnate. *Rifugio Zamboni e Zappa* (2065 m), CAI-Sektion Società Escursionisti Milanesi. **Talorte:** *Saas Grund* und *Saas Almagell*, s. Tour 13. *Macugnaga* (1307–1362 m), im Talschluß des Valle Anzasca unter der Monte-Rosa-Ostwand. Sommer- und Wintersportort. Seilbahn zum Monte-Moro-Paß (ca. Anfang Juli bis Ende August/Anfang September), Sessellift zur Alpe Burchi und zum Belvedere (ca. Mitte Juni bis Ende September). Campingplatz. Hotels, Restaurants, Appartement- und Ferienwohnungen. Geschäfte, Bank, Post. Chiesa Vecchia in M.-Pecetto; Walsermuseum in M.-Borca. Auskunft: I. A. T. Informazione Turistica (Fremdenverkehrsamt), I-28030 Macugnaga (NO), Tel.: 0324/65119.

Auf hoher Route zum Lac des Dix

Tour **17**

Evolène – Lana – La Meina – Col de la Meina – Pralong – Lac des Dix – Hérémence –Evolène

Südlich von Sion das Rhônetal verlassend, gelangt man in das Val d'Hérens – ein stilles Tal von lieblicher Schönheit im französischsprachigen Teil des Wallis.

Während der ersten kehrenreichen neun Kilometer überwindet die Straße eine Talstufe von nahezu 450 Höhenmetern. Von Vex, dem ersten Ort des Tales, geht es ins Val d'Hérémence. Der oberste Teil, das durch eine Steilstufe abgesetzte Val des Dix, wurde durch den Stausee *Lac des Dix* überflutet. *La Grande Dixence* ist 748 Meter lang und mit 285 Metern die höchste Staumauer der Welt. Sie staut 400 Millionen Kubikmeter Wasser. Der Besuch des fünf Kilometer langen, in hochalpiner Szenerie gelegenen Stausees ist äußerst empfehlenswert.

Hérémence (1237 m) ist ein typisches Walliser Bergdorf mit seinen dicht zusammengedrängten, mehrstöckigen Wohnhäusern, Scheunen und Vorratsspeichern. Einst war die Gemeinde arm. Doch durch den Bau der Dixence-Kraftwerke fließen ihr heute beachtliche Einnahmen zu.

Drei hohe Übergänge verbinden das Val d'Hérens mit dem Val des Dix bzw. Val d'Hérémence: Pas de Chèvres, Riedmattenpaß und *Col de la Meina* (oder de Méribé), der mit 2702 Metern der nördlichste und niedrigste ist. Bereits die Wanderung von Evolène bis zur Paßhöhe (evtl. in Verbindung mit der Besteigung des Pic d'Artsinol) stellte eine abwechslungsreiche Tagestour dar und vermittelt einen interessanten Einblick ins Nachbartal. Bei Benutzung des Sesselliftes von *Lana* nach *La Meina* kann die Tour erheblich abgekürzt werden.

Von der Dorfstraße in Evolène zweigt etwa gegenüber der Kirche ein Steiglein ab zur *Borgne*, an deren orografisch linkem Ufer wir zum Weiler *Lana* wandern (1407 m/½ Std.). Die dunkelbraunen Holzhäuser sind rund um eine Wiese gebaut. Sehenswert ist die *St.-Laurentius-Kapelle* von 1711. Die Häuser von Lana rechts liegenlassend, queren wir den Bergbach von *Merdesson* und steigen den zunächst breiten Weg hinauf. Schön ist der Blick zurück ins Tal von Evolena – darüber die Dent Blanche. Nach Durchstreifen eines Lärchenwäldchens befinden wir uns über der Baumgrenze und gelangen vorbei an einem *Abzweig* (links/Süden), der zu den Hütten von Vernec und Vouasson führt, zu den *Alphütten von Artsinol*

(2065 m) und *La Meina* (2121 m/+ 2½ Std.). Von der *Sessellift-Bergstation* folgen wir etwa 20 Minuten einem breiten Wirtschaftsweg. Dann heißt es aufpassen: Nach Südwesten zweigt ein schmales Steiglein ab, das dem Lauf einer alten Bisse folgt. Bei *Punkt 2357*, wo der *Steig Nr. 18* (lt. regionaler Evolène-Karte) von Vouasson heraufkommt, ist wieder ein Hinweis auf den Col de la Meina.

Unser Weg zieht sich zwischen Felsen hindurch und vorbei am Abzweig zum *Pic d'Artsinol* (2997 m/ca. 2½ Std. hin und zurück) sowie zwei kleinen Seeaugen. Dann ist auch schon der *Col de la Meina* (2702 m/+ 2 Std.) erreicht. Im Norden endet der blockige, dunkle Grat 300 Meter höher im Gipfel des Pic d'Artsinol. Gegen Süden schwingt sich der Grat zur Pointe de Vouasson empor mit dem vorgelagerten Glacier de Vouasson. Sie verleihen dem kleinen *Tal von Vouasson* echten Hochgebirgscharakter. Vom Col blicken wir tief ins Val des Dix und Val d'Hérémence. Im Südwesten liegt der Stausee *Lac des Dix*.

Sie können nun auf der morgendlichen Route nach Evolène zurückkehren (3 Stunden) oder wie wir den lohnenden Abstieg ins Val des Dix/Val d'Hérémence wählen. Zunächst geht es weglos schräg über den bewachsenen Hang. Etwa in 2400 Meter Höhe stoßen wir auf ein Steiglein, das uns ziemlich eben zu der *Hochalm von Noveli* (2403 m) führt. Steil zieht sich der Weg zur Hüttengruppe der Alpe Noveli (2084 m) weiter hinab. Dann nimmt uns wun-

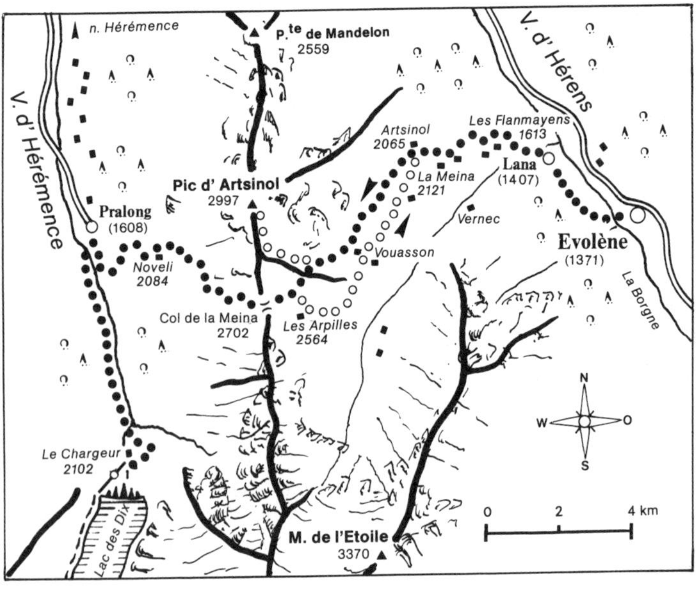

derbarer Lärchenwald auf, bis wir *Pralong* mit der *Kapelle St. Barthélemy* (17. Jh.) im Talgrund des Val des Dix erreichen (1608 m/+ 2 Std.). Mit dem Postbus (kurz vor 13 Uhr – vorher erkundigen) fahren wir nach Le Chargeur unterhalb des Stausees Lac des Dix. Beeindruckt von der Staumauer Grande Dixence und der am Fuße stehenden kleinen Kapelle mit der heiligen Barbara vom Mâche als Schutzpatronin gelangen wir mit der Seilbahn zur 748 Meter langen Krone des Sees (oder 1 Stunde zu Fuß). Großartig ist die Gebirgsumrahmung: Rosablanche, Mont Blanc de Cheilon und Aiguilles Rouges d'Arolla heben sich besonders eindrucksvoll hervor. Ein 7 Kilometer langer Wanderweg führt am westlichen Seeufer entlang (2½ Stunden hin und zurück). Über den Pas du Chat (2386 m) ist in 3½ Stunden die Cabane des Dix (2928 m) zu erreichen. Der Bus bringt uns nach einem ausgefüllten Tag von Le Chargeur (letzter Bus etwa 16.45 Uhr) nach Hérémence, weiter nach Vex und Evolène.

Nützliche Informationen

Tourencharakter: Unschwierige Paßüberschreitung. **Beste Jahreszeit:** Juli bis September/Oktober. **Höhendifferenz:** 1350 Meter Anstieg, 1100 Meter Abstieg (bei Benutzung des Sesselliftes von Lana nach La Meina 700 m weniger Anstieg). **Reine Gehzeit:** 7 Stunden (bei Benutzung des Sesselliftes wie vor 2½ Std. weniger). **Karte:** Landeskarte der Schweiz 1:50000, Blätter 283 (Arolla) und 273 (Montana). **Unterkunft:** *Le Chargeur* (am Fuße der Staumauer), Betten und Lager. Tel.: 027/811322. **Talorte:** *Hérémence* (1237 m). Hotel, Restaurant, Cafés, Geschäfte, Post, Bank. Sehenswert: Eglise St. Nicolas (kath. Kirche): ein moderner Betonbau von grandiosen Ausmaßen inmitten sonnengebräunter Häuser. Postbus nach Vex (sowie Evolène und Sion) sowie nach Le Chargeur (Lac des Dix; nur im Sommer). Verkehrsbüro: CH-1987 Hérémence; Tel.: 027/811533. *Evolène*, s. Tour 19.

Almwanderung zum Grat von Roc Vieux

Tour **18**

Les Haudères – Veisivi – Roc Vieux – Veisivi – Les Haudères

Nach Überqueren der aus dem Val d'Hérémence kommenden Dixence fahren wir in einem Tunnel unter den Erdpyramiden von Euseigne hindurch. Bald ist Evolène (1371 m), der bedeutendste und schönste Ort des Tales, erreicht. Die hölzernen und steinernen Häuser sind zum Teil mit Fassadenmalerei versehen, bestehend aus Blumen, Wappenverzierungen und religiösen Symbolen. Die blumengeschmückten dunklen Holzhäuser strahlen eine eigenwillige, aber behagliche Atmosphäre aus. Tagsüber herrscht reges touristisches Treiben auf der engen Dorfstraße. Steigt man jedoch die schmalen Gassen abseits der Hauptstraße weiter hinauf, sind dort fast nur noch Einheimische anzutreffen.

Über Les Haudères (1436 m), dem nur vier Kilometer von Evolène entfernt liegenden Bergdorf, wachen im Süden Petite (3183 m) und Grande (3418 m) Dent de Veisivi. Ein messerscharfer Grat zieht hinab zum Roc Vieux, einem großartigen Aussichtspunkt.

Wir verlassen *Les Haudères* auf der Straße nach Arolla, die bereits zehn Minuten später die *Borgne d'Arolla* quert. Hinter der Brücke zweigt ein Weg nach links ab. Die Markierung trägt den Hinweis: *Arolla, La Gouille, Roc Vieux*. Es ist ein sanfter Anstieg auf breitem Weg. Etwas abseits liegen die Hütten von *La Ventura* (1580 m). Nach etwa 80 Minuten gabelt sich der Weg. Achtung: zum Roc Vieux geht es links ab, obgleich das auf der Spitze stehende, viereckige Markierungsschild keinerlei Hinweis darauf gibt. Wir gehen jedoch zunächst noch weiter geradeaus, jetzt durch lichten Lärchen- und Tannenwald, um uns die eigenwillig an einen Felsblock gebaute kleine *Kapelle St. Barthélemy* (1821 m/1½ Std.) anzusehen. Sie wurde dort im Jahre 1688 errichtet, um die Vorübergehenden an die Gefahren des Weges, vor allem der Lawinen, zu erinnern und sie zu veranlassen, göttlichen Schutz zu erbitten. Von hier ist in wenigen Minuten die Straße nach *Arolla* zu erreichen. Der Wanderer hat die Straße nur zu queren, um vorbei an den Hütten von *Les Jouttes* zum Weiler von *Quartsé* und hinauf zum idyllischen *Lac Bleu de Louché* zu gelangen. *Arolla* erreicht er von dort auf aussichtsreichem Höhenweg (siehe Tour 20). Wir kehren zur Weggabelung zurück, steigen zur *Borgne d'Arolla* hinunter und queren sie über eine Brücke (1702 m). Von hier führt ein breiter

Wirtschaftsweg zu den Maiensässen von *Veisivi*. Noch dringt unter uns im Süden kein Sonnenlicht in die bewaldete Schlucht. Um so leuchtender wirkt darüber der *Pigne d'Arolla* (3796 m). Wer von Les Haudères den felsigen Steilhang des Petite Dent de Veisivi hinaufblickt, vermag sich nicht vorzustellen, daß dort oben irgendwo noch eine Alpe sein könnte. Und doch treffen wir in 1877 Meter Höhe auf die Alphütten von *Veisivi* (+ 1¼ Std.), die am äußersten Rande der hohen Felswand über der Borgne stehen. Unwillkürlich kommt der Wunsch auf, in dieser paradiesischen Stille, umgeben von Abgeschiedenheit und Ruhe, einen ganzen Tag zu verbringen.

An einem Felsblock entdecken wir rote Markierung, die von einer anderen Anstiegsroute aus dem Tal herrührt. Ein schmaler Steig zieht sich jetzt steiler einen Sonnenhang, von bunter Alpenflora übersät, empor. Lautes Grillenzirpen begleitet uns. Wir kommen an einer Wasserstelle vorbei: Das klare Bergwasser läuft durch einen dafür ausgehöhlten Baumstamm, der jedoch bereits am Vermodern ist. Nicht weit entfernt davon sind die Überreste verfalle-

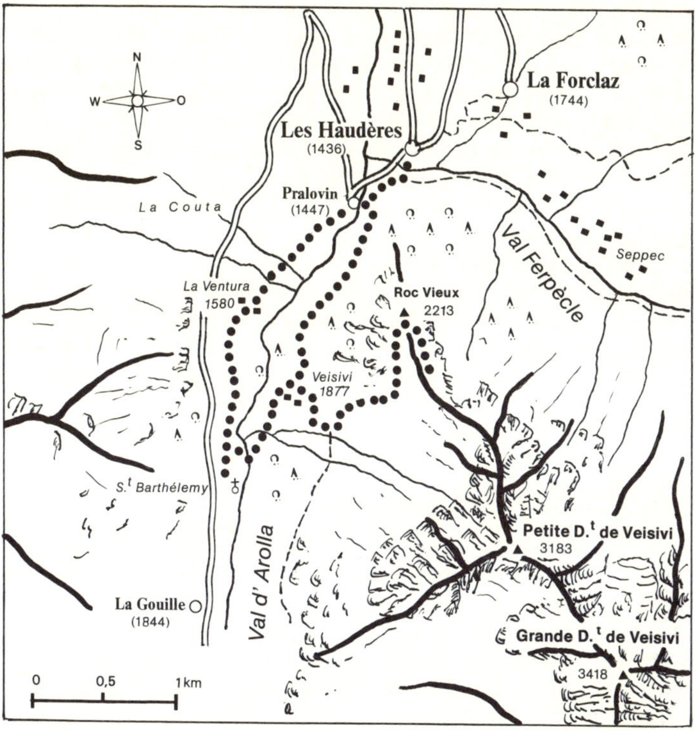

ner Hütten. Ein kaum sichtbarer Pfad folgt ein Stück dem nördlichen Rand der Hochweide, um sich dann zwischen Arven, niedrigen Lärchen und Alpenrosen zum grasbewachsenen *Grat von Roc Vieux* hinaufzuwinden (2213 m/+ 1¼ Std.). Ein einfaches Holzkreuz steht auf der Höhe dieses großartigen Aussichtspunktes.

Les Haudères und Evolène liegen im Talgrund, durch den sich die Bòrgne wie ein breites Band hinzieht. Am östlichen Talhang die Dörfer La Forclaz, Villa und La Sage. Im Westen blicken wir auf die Felsen von Aiguilles Rouges d'Arolla, im Süden auf Mont Blanc de Cheilon und Pigne d'Arolla. Sehr hochalpin und nahe wirken im Osten Dent Blanche, Grand Cornier und die Moiry-Kette. Im brüchigen Schiefergestein steigen wir den Grat, der sich dunkel gegen den Himmel emporschwingt und in den grau-grünen Felsen der *Petite Dent de Veisivi* endet, bis zu einem zweiten *Holzkreuz* hinauf (ca. 2330 m/+ ¼ Std.). Steil stürzen Felsen und Schuttreißen ins wilde Val Ferpècle.

Wir kehren auf demselben Weg zur *Alpe Veisivi* zurück, ständig den eisumgürteten Pigne d'Arolla vor Augen (1877 m/+ 1¼ Std.). Dann verlassen wir den Anstiegsweg und folgen nach rechts dem schmalen Pfad (rote Markierung), der sich direkt unter den Felswänden von *Roc Vieux* in den Hochwald hinabsenkt und bald sehr steil an Höhe verliert. Kehre um Kehre geht es tiefer in eine Schlucht hinein. Üppig blüht der gelbe Eisenhut am Wege. Es ist ein aufregender, Trittsicherheit und Aufmerksamkeit erfordernder Abstieg. Bei Regen und Nässe unbedingt meiden, da der felsige, zum Teil von Erde durchsetzte Untergrund unangenehm rutschig sein kann (dann gleicher Rückweg wie Anstieg am Morgen).

Etwa 200 Meter über dem Talboden treten wir aus dem dunklen, dichten Wald heraus und wandern nun fast horizontal über eine Bergwiese, später durch lichten Altwald, dabei immer der roten Markierung folgend, auch wenn es zum Queren eines Bachbettes wieder etwas bergan geht. Ein ausgesprochen lieblicher, romantischer Waldpfad läßt uns leicht abwärts wandernd die letzte halbe Stunde der Rundwanderung zurücklegen (1436 m/+ 1 Std.).

Nützliche Informationen

Tourencharakter: Rundwanderung, die während 200 Höhenmetern auf dem Rückweg Trittsicherheit erfordert und bei Regen nicht empfehlenswert ist. **Beste Jahreszeit:** Juni bis Oktober. **Höhendifferenz:** 1000 Meter Anstieg, 1000 Meter Abstieg. **Reine Gehzeit:** 6½ Stunden. **Karte:** Landeskarte der Schweiz 1:50 000, Blatt 283 (Arolla). **Einkehrmöglichkeit:** Keine. **Talort:** *Les Haudères*, s. Tour 19.

Über dem Val de Ferpècle

Tour **19**

Les Haudères – Salay – Bricola – Pra Floric – La Forclaz – Les Haudères

La Tour (1410 m) und Les Haudères (1436 m) folgen Evolène in kurzen Abständen (je 2 km), die man leicht zu Fuß zurücklegen kann. Auch hier sind die Häuser aus dunklem Lärchenholz oder Mauerwerk mit Malereien in Braun- und Gelbtönen. Am Ortsende von Les Haudères gabelt sich das Val d'Hérens: Geradeaus führt die Straße nach Arolla, links über die Brücke ins einsame Val Ferpècle. Gleich am Anfang zweigt in einer Linkskurve das Sträßlein zu den Bergweilern La Sage (1667 m), Villa (1742 m) und La Forclaz (1744 m) ab, die auch den Namen »Auf den Felsen« tragen und eine Entdeckungsreise wert sind. Sie liegen auf einem Felsband, das die ganze orografisch rechte Talseite der Gemeinde Evolène durchzieht. Über Forclaz geht die zum Teil recht enge Straße dann weiter ins Tal der Borgne de Ferpècle.

Am Ortsausgang von *Les Haudères* (1436 m) begeben wir uns auf die orografisch linke Seite der *Borgne de Ferpècle* und wandern nun im Talgrund in dieses urtümliche Tal hinein, das von einem der gewaltigsten Walliser Berge beherrscht wird. Es ist die Dent Blanche (4356 m), deren Grate und Wände bei Hochalpinisten bekannt sind für ihre überraschenden Schwierigkeiten. Vorbei an den Hütten von *Pra Floric* durchstreifen wir Lärchengruppen, die zwischen mächtigen Felsblöcken ihr karges Leben fristen. Mühelos gelangen wir zu den letzten Alphütten des Tales, die auf der gegenüberliegenden Seite der Borgne liegen: *Salay* (1766 m/2 Std.; früher: Ferpècle) besteht nur aus ein paar Hütten und Wirtschaftsgebäuden, einem Gasthof und einem kleinen Kapellchen, dessen Dach von dicken Moospolstern bedeckt ist. Bis hier können wir auch mit dem Bus fahren.

Hinter der Kapelle, die wir rechts liegen lassen, beginnt der Höhenweg nach *Bricola*. Über Salay zieht sich der schmale Pfad durch dichten Lärchenwald zwischen Alpenrosen und Kriechwacholder in kaum merklicher Steigung sanft dahin. Noch dringt das Rauschen der Borgne an unser Ohr. Gegen Punkt 1984 lichtet sich der Wald, und wir durchschreiten unter Tsa de l'Ano und Pointe de Bricola ein weit überschaubares Gebiet. Etwas tiefer rechts des Weges steht das Alphüttchen von *Perroc* – nach Osten (links) verlieren sich Pfadspuren nach *Les Rosses*. Auf einem großen Felsblock entdecken wir eine durch Pfeile gekennzeichnete Richtungsanweisung: geradeaus zum *Glacier*, 5 Meter weiter links nach *Bricola*. Immer eindrücklicher wird der Anblick der Zwillingsgletscher von Mont Miné und Ferpècle, die durch den dunklen Felsgrat Mont Miné getrennt sind. Bis 1952 vereinigten sich diese beiden Gletscher noch in ihrem unteren Teil und reichten bis vor 100 Jahren weit ins Tal (etwa bis zur Höhe 1900). Der Weg führt durch eine verträumte Landschaft, deren ursprüngliche Natürlichkeit von Technik und Zivilisation unberührt blieb. Kurz bevor wir Bricola erreichen, gabelt sich der Weg. Auf beiden gelangt man zum Ziel, jedoch ist der linke empfehlenswerter (2415 m/+ 2 Std.).

Von *Bricola*, wo ein privates Berghaus steht, wandern wir tiefer in die Bergeinsamkeit hinein, um den kühlenden Gletscherwind auf der warmen Haut zu spüren. Ein paar temperamentvolle Ziegen begleiten uns ein kurzes Stück auf dem Weg, der in seinem weiteren Verlauf über den Glacier des Manzettes zur Cabane de la Dent Blanche (3507 m) führt. Bei *Punkt 2640* (+ ½ Std.) stehen Grand Cornier und Dent Blanche übermächtig vor uns.

Wir kehren nach langer Schaurast auf dem morgendlichen Weg nach *Salay* zurück, doch scheint uns die Landschaft nach dem nahen Blick in die eiskalte Gletscherregion völlig verändert und viel lieblicher als beim Anstieg. Von Salay (1766 m/+ 1½ Std.) gehen wir etwa 15 Minuten auf der Straße, bis wir bei den Hütten von *Pra Floric* (1655 m/+ ¼ Std.) rechts der Straße (Achtung – aufpassen!) an einem Stein den Hinweis »*La Forclaz*« lesen. Gut markiert windet sich ein Steiglein den bewaldeten grünen Hang steil empor. In etlichen Kehren gewinnen wir erneut an Höhe. Bei *Punkt 1860* (+ ½ Std.) ist ein breites *Bachbett* zu queren. Dann wenden wir uns (Markierung) nach rechts durch dichtes Buschwerk und gelangen, immer noch ansteigend, in den Hochwald. In leichter Steigung erreichen wir das nächste Bachbett (+ ½ Std.). Der Weg kann nicht verfehlt werden, solange wir auf »*La Forclaz*« an Steinen oder Felsblöcken achten. Vorbei geht es an ein paar verstreut liegenden Almhütten – unter uns dunkelgrüner Wald. Dann neigt sich unser Weg sanft nach *La Forclaz* hinab. Harmonisch sind die Häuser an windgeschützter Stelle an den Hang gebaut mit Blick auf die Dent Blanche und die gewaltige Gletscherlandschaft (1744 m/+ ½ Std.). Die Hütten, Speicher und Stadeln von La Forclaz und den anderen Dörfern, die »Auf den Felsen« stehen (Villa und La Sage), sind nach altem Brauch aus Lärchenholz gebaut. Und es ist der Stolz jeder Familie, den größten Tragbalken zu besitzen.

Von La Forclaz folgen wir dem Wegweiser nach *Les Haudères* mit schönem Blick ins Tal von Evolène (1436 m/+ ½ Std.). Natürlich können wir auch weiter zu den Dörfern *La Sage* und *Villa* wandern

(¾ Std.) und von dort nach Evolène absteigen (¾ Std.) oder per Bus nach Les Haudères zurück.

Nützliche Informationen

Tourencharakter: Eindrucksvolle Höhenwanderung. **Beste Jahreszeit:** Juni bis Anfang Oktober. **Höhendifferenz:** 1550 Meter Anstieg (wenn per Bus bis Salay: 1200 Meter), 1550 Meter Abstieg. **Reine Gehzeit:** 8¼ Stunden (wenn per Bus bis Salay: 6¼ Stunden). **Karte:** Landeskarte der Schweiz 1:50000, Blatt 283 (Arolla). **Einkehrmöglichkeit:** *Salay* (1766 m) mit Unterkunft (25 Betten), Juni bis September, Tel.: 027/831154, evtl. *Bricola* (2415 m). **Talorte:** *La Forclaz* (1744 m), *Villa* (1742 m) und *La Sage* (1667 m). Geschäfte, Cafés, Restaurants; Gruppenunterkunft. Taxi. Post nur in La Sage, Tel.: 027/831121. Verkehrsbüro in La Sage: CH-1985 La Sage; Tel.: 027/831280. *Les Haudères* (1436 m). Hotels, Restaurants, Lebensmittelgeschäfte. Bank, Post, Taxi. Zwei kurze Skilifte für Anfänger, Schlittschuhbahn, zwei Tennisplätze. Campingplatz de Molignon, Tel.: 027/831296. Verkehrsbüro: CH-1984 Les Haudères, Tel.: 027/

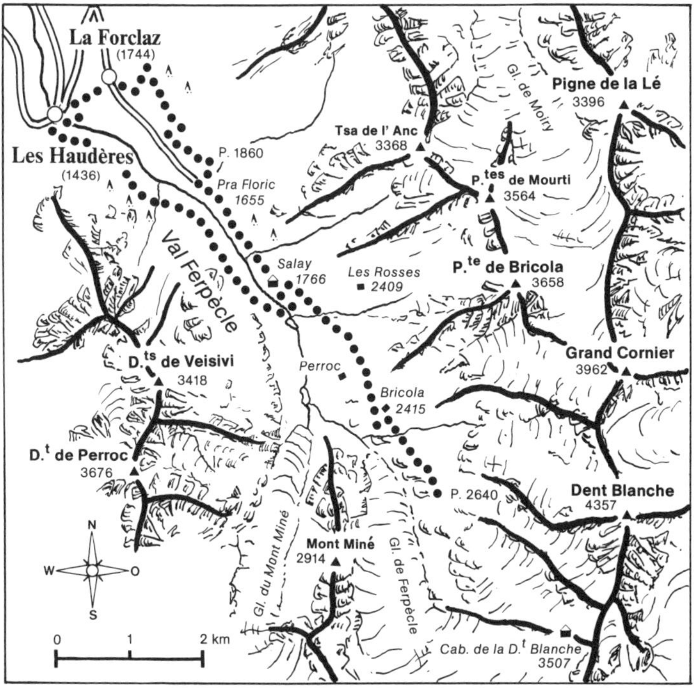

831015. *Evolène* (1371 m). Hotels, Restaurants, Cafés, Taxi, Bank, Post. Campingplatz P. Métrailler, Tel.: 027/831509. Verkehrsbüro: CH-1983 Evolène, Tel.: 027/831235.
Unbedingt im Verkehrsbüro die kleine Broschüre »Hérens Informations« besorgen, da sie alle wichtigen Angaben für den Aufenthalt (inclusive Postbus-Fahrpläne) im Val d'Hérens und seinen kleinen Nebentälern enthält.

Hoch über dem Tal der Borgne d'Arolla

Tour 20

Arolla – Pra Gra – Cabane des Aiguilles Rouges – Lac Bleu de Louché – Höhenweg nach Arolla

Bei Les Haudères im Val d'Hérens zweigt nach Süden das Val d'Arolla ab. Arolla (1998 m), letzter Ort im Talschluß, ist Ausgangspunkt dieser Wanderung. Vom *Office du tourisme* oder *Grand Hotel & Kurhaus* (die Straße etwa 700 Meter weiter hinauf) folgen wir der Fahrstraße talein bis zum Wegweiser nach *Pra Gra*. Zwischen Kriechwacholder, Arven und Wetterlärchen wandern wir einen Hang empor. Nach Erreichen der Waldgrenze geht es über weite Hochflächen mit saftigen Wiesen gemächlich dahin, bis ein kurzer steiler Anstieg zu den malerisch gelegenen Hütten von *Pra Gra* führt (2479 m/1 Std.). Prächtig ist der Anblick von Mont Collon (3637 m) und Pigne d'Arolla (3796 m), vorgelagert die Pointes de Tsena Réfien und Monts Rouges (mit mehreren Höhenkoten) – dazwischen zwei hohe Übergänge ins Val des Dix: Col de Riedmatten (2919 m) und Pas de Chèvres (2855 m). Wir stellen eine üppige Alpenflora fest: kurzstieliger Enzian, Seidelbast, die zottigen Fruchtstände der Anemone, Purpur-Enzian, Alpenrosen, Arnika, Schusternägel.

Der Steig folgt einer Wasserfuhre bis zu ihrer Fassung am Wildbach, der vom Glacier des Ignes herabkommt. Moränen und Geröllhänge sind zu queren in einer wild-gigantischen Landschaft, die einst mit Gletschern ausgefüllt war. Wir durchwandern einen eindrucksvollen Gletscherkessel.

Bei *Punkt 2706* erblicken wir durch einen schluchtartigen Einschnitt (in Jahrtausenden durch Erosion entstanden) den tief unter uns liegenden *Lac Bleu de Louché*. Der Weg windet sich einen Moränenhang steil hinauf, während das Wasser vom Glacier des Ignes wild herabschäumt. An geeigneter (bezeichneter) Stelle ist das breite Bachbett zu queren, ohne daß es nasse Füße gibt. Dann geht es nur noch in sanfter Steigung höher bis in ein mit Felstrümmern gefülltes Kar. Die rote Markierung zeigt den besten Durchstieg an. Das Steiglein zieht sich schließlich einen lieblichen Hang entlang. An einer mächtigen, glatten Felsplatte ist Kettensicherung angebracht. Nach 2½ Stunden Gehzeit ist die *Cabane des Aiguilles Rouges* (2810 m/+ 1½ Std.) erreicht. Darüber das glitzernde Eis des Glacier des Aiguilles Rouges und die stark verwitterten, malerischen Felsen der Aiguilles-Rouges-d'Arolla-Gruppe, einer Gebirgskette zwischen dem Val des Dix und dem Val d'Arolla. Die Cabane des Aiguilles Rouges ist eine gemütliche und zünftige alte Hütte und beliebter Stützpunkt für Unternehmungen in den Aiguilles Rouges, zum Pointe de Vouasson sowie zum Mont de l'Etoile. Über den Col des Ignes (3181 m) gelangt man in 4 Stunden zur Cabane des Dix im Nachbartal.

Deutlich zeichnet sich der Weiterweg ab, der bis zum *Punkt 2844* einen Geröllhang hinaufzieht. Danach (Hinweis) geht es nur noch stetig bergab – erst nach Norden, später in südöstlicher Richtung. Der Mont Collon ist jetzt ein finsterer Felskoloß, weil seine Nordwand in tiefem Schatten liegt. An einem Felsblock rechts des Weges lesen wir in großen Buchstaben *»Lac Bleu«* mit einem Pfeil dar-

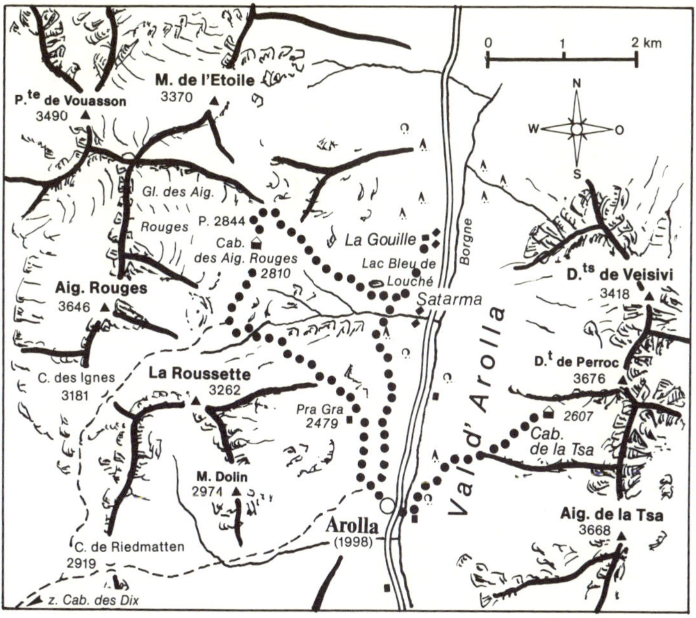

unter in Richtung des Wegverlaufes, ab und zu folgen rote Markierungen. So wandert es sich unbeschwert durch eine abwechslungsreiche Landschaft. Der Pfiff eines Murmeltieres gellt durch die Stille. Zwischen Heidekraut und Beerensträuchern, niedrigen Wacholderbäumen und sonderbar verwachsenen Lärchen schlängelt sich der Weg hinab zum türkisfarbenen *Lac Bleu de Louché*, der unvermittelt vor uns liegt (2090 m/+ 1 Std.). Er wird vom Wasser der Gletscher gespeist, die sich ihren Weg durch Moränen und Geröllhalden bis hierher suchten. Das Wasser dieses idyllisch gelegenen Bergsees ist bis auf den Grund des Bodens hin so klar, daß keine einzige Alge zu entdecken ist. Diese Oase des Friedens zieht Maler und Bergwanderer gleichermaßen in ihren Bann: Man muß sich einfach an den Hang über dem blau-grünen Wasser niedersetzen und dankbar den Augenblick in sich aufnehmen. Von La Gouille (an der Straße zwischen Les Haudères und Arolla gelegen) dauert der Anstieg eine knappe Stunde; dennoch sind nur wenige Menschen hier oben anzutreffen.

Nach langer Pause folgen wir dem Hinweis auf einem Stein: *»Arolla«*, und wandern nun in südlicher Richtung immer etwa auf einer Höhe von 2000 Metern über dem Tal der Borgne d'Arolla – abwechselnd durch lichten Lärchenwald und über Hänge mit besonders kräftigen Alpenrosensträuchern. 200 Meter tiefer liegt der Weiler *Satarma*.

Purpurenziane (Gentiana purpurea) mit prächtigen dunkelroten Blüten säumen den Weg. Sie verbreiten einen eigentümlich süßen, feinen Rosenduft und werden von Hummeln bestäubt. Die winzigen Samen wiegen nur 0,00048 g und werden vom Wind verbreitet. Die Pflanze findet hier den benötigten nährstoffreichen, jedoch kalkarmen Boden mit hohem Rohhumusanteil. Die Wurzel des Purpurenzian weist wie die des Gelben Enzian (Gentiana lutea), der außerdem als altes Heilmittel bekannt ist, einen hohen Gehalt an Bitterstoffen auf. Beide Pflanzen sind berühmt wegen des Enzianschnapses, der aus der vergorenen Wurzel gebrannt wird.

Dies ist ein typischer Höhenweg, dessen höchsten Punkt (2156 m) wir nach 1 Stunde überschreiten. Eindrucksvoll stehen die Wächter von Les Haudères, Petite und Grande Dent de Veisivi, im Osten über dem Tal. Doch bleiben Mont Collon und Pigne d'Arolla die Favoriten dieses Tages (Arolla 1998 m/+ 1½ Std.).

Nützliche Informationen

Tourencharakter: Unschwierige Höhen- und Hüttenwanderung. **Beste Jahreszeit:** Anfang Juli bis Ende September. **Höhendifferenz:** 1050 Meter Anstieg, 1050 Meter Abstieg. **Reine Gehzeit:**

5 Stunden. **Karte:** Landeskarte der Schweiz 1:50000, Blatt 283 (Arolla). **Unterkunft:** *Cabane des Aiguilles Rouges* (2810 m), Club alpin académique de Genève, CH-1200 Genève; 80 Schlafplätze, bewirtschaftet Juli und August. Ferner bieten die Talorte im Val d'Arolla Einkehr- und beschränkte Nächtigungsmöglichkeit: *La Gouille* (1844 m), *Satarma* (1809 m) und *Pramousse* (1835 m). **Talort:** *Arolla* (1998 m), Bergdorf im Talschluß des Val d'Arolla. Der Ort ist auf ganzjährig befahrbarer Straße von Sion (Rhônetal) durch das Val d'Hérens mit dem Pkw in 1 Stunde zu erreichen (41 km). Postbusverbindung. Zeltplatz an der Borgne unterhalb von Arolla. Hotels, Restaurants, Pensionen, Chalets und Appartements. Höhenkurort und Wintersportplatz, Skischule, 2 Eisbahnen. Bergführerbüro, Post, Geschäfte. Verkehrsbüro: CH-1986 Arolla, Tel.: 027/831083. Nächstgrößere Talorte mit besseren Einkaufsmöglichkeiten: Les Haudères und Evolène (11 bzw. 15 km) im Val d'Hérens.

Über den Col de Torrent ins Eifischtal

Tour 21

Villa – Col de Torrent – Lac de Moiry – Grimentz – Val d'Anniviers (Eifischtal)

Das Val d'Anniviers (deutsch: Eifischtal) zweigt bei Sierre vom Rhônetal nach Süden ab.

In das hochgelegene und einst schwer zugängliche Tal führt heute eine gut ausgebaute Straße. Hauptanziehungspunkte sind *Grimentz* und der *Lac de Moiry* sowie *Zinal* im benachbarten Val de Zinal (von Vissoie oder Grimentz zu erreichen).

Um vom Val d'Hérens ins Val d'Anniviers zu gelangen, kann man drei Übergänge benützen: den »Pas de Lona« von Eison nach Grimentz, den »Col de la Couronne« von Les Haudères über die Moiryhütte nach Grimentz und den »Col de Torrent« von Villa zum Lac de Moiry und weiter nach Grimentz. Der Torrentpaß ist der gebräuchlichste und schönste Übergang.

Wir fahren mit dem ersten Postbus von *Les Haudères* nach *Villa* (1742 m; auch »Villaz«). Wer auf dem Anstiegsweg zurückkehren will, kann seinen Wagen in Villa abstellen oder in 1¼ Stunden von Evolène nach Villa hinaufsteigen. In der Dorfmitte lesen wir auf einem gelben Schild, das in nordwestliche Richtung zeigt: *»3½ h Col de Torrent«*. Wir steigen sanft über offenes Almgelände an, die dichtgedrängten Häuser von Villa bald zurücklassend – auch die auffallend zahlreichen Alphüttchen, die der Versorgung des Viehs dienen. Bei der Weggabelung nach 15 Minuten folgen wir dem Hinweis *»Les Lachiores«*, der in großen blauen Buchstaben auf einen Stein gemalt ist. Später finden wir als Markierung die Zahl *»31«* (Wegbezeichnung laut regionaler Evolène-Karte). In Kehren zieht sich der Steig den Hang entlang. Wiederholt sind Bächlein zu queren. Kurz hinter den Alphütten von Les Lachiores zweigt ein Pfad nach Volovron ab (weiter nach Eison, Trogne und St. Martin).

Recht finster wirken im Süden die Wächter von Les Haudères, Petite und Grande Dent de Veisivi. Hoch über dem Talgrund von Arolla grüßt der Pigne d'Arolla im morgendlichen Sonnenlicht. Immer mächtiger bauen sich im Westen Aiguilles Rouges d'Arolla, Mont de l'Etoile und Pointe de Vouasson auf. Wie aus einer Spielzeugschachtel wirken die Häuser von Villa, La Sage und Les Haudères. Über liebliche, kuppige Weideböden gelangen wir zur ausgedehnten *Alp Le Cotter*. Neben den Überresten einer verfallenen Hütte links des Weges ist der Boden von Edelweiß übersät. Sie recken ihr samtweißes Köpfchen dem Sonnenlicht entgegen. Als wilder Kontrast wirken mächtige Felsbrocken, die, von der Natur eigenwillig geformt und von faszinierender Farbenpracht, wie hingepflanzt über das Hochplateau verstreut stehen. Vorbei an einem Seelein (2536 m) wandern wir von *Le Cotter* entlang eines sanft geneigten Hanges zwischen Seegras und rosa Polsterblümchen, leuchtend blauen Schusternägeln und Hauswurz stetig höher, bis es zum Schluß recht steil auf den *Col de Torrent* geht (2918 m/3½ Std.), der zwischen Sasseneire und Pointe du Prélet eingebettet liegt. Ein unbeschreibliches Panorama breitet sich vor uns aus. Nach dem ersten überraschenden Blick zu den Bergen und Gletschern über dem Talschluß von Moiry steigen wir den Grat in Richtung *Pointe du Prélet* unschwierig bis Punkt 2986 (+ ¼ Std.) weiter hinauf. Die Mühen des Aufstieges werden mit einer unvergleichlichen Rundsicht und einzigartigen Tiefblicken belohnt. Am meisten fesselt der Anblick der Dent Blanche – etwas ferner Dent d'Hérens, Tête de Valpelline und Tête Blanche. Wildzerklüftet fließt der Glacier de Moiry ins Tal. Blaugrün leuchtet das Wasser des Lac de Moiry herauf. Aber wir genießen auch die wunderbare Aussicht in den ganzen oberen Teil des Val d'Hérens.

Wer auf der gleichen Route nach Villa zurückkehren will, muß mit 2¼ Stunden Gehzeit rechnen. Unser Abstieg soll nach Osten ins Val de Moiry und weiter nach Grimentz/Val d'Anniviers führen. Zwar kostet die anschließende Busfahrt zurück ins Val d'Hérens etwas mehr Zeit – dafür lernen wir aber Grimentz kennen, das Bergdorf mit der »schönsten Dorfstraße des Wallis«. Der Hang, über den wir zum Lac de Moiry hinabwandern, gleicht jenem des Aufstieges auf der anderen Seite des Passes. Im Grunde einer symmetrisch geformten alten Gletschermulde sehen wir den Lac des Autannes liegen. Der Pfad führt uns in Kehren den steinigen Hang hinab. Immer wieder wird der Blick gefesselt von der wilden Fels- und Eiskulisse über dem Talschluß. Vom *Lac des Autannes* (2686 m), einer Oase der Ruhe, die noch vom Lärm unserer Zeit verschont blieb, schlendern wir weiter zur *Torrentalp*, wo die kleinen zähen Eringerkühe den Bergsommer verbringen. Der Boden ist übersät von Alpenblumen. Schon bald sind wir beim *Lac de Moiry* (2249 m/+ 1¼ Std.). Einst durchfloß die Gourga dieses kleine Nebentälchen. 1959 wurde ihr Wasser gestaut, und es entstand in dieser wunderschönen Landschaft mit dem Glacier de Moiry im Hintergrund der 77 Millionen Kubikmeter fassende *Stausee*. Eine 148 Meter hohe Staumauer hält das gebändigte Wasser gefangen. 8 Kilometer von Grimentz entfernt, ist der See auf einer schönen Straße zu erreichen, die an seinem östlichen Ufer bis zum Gletscher führt.

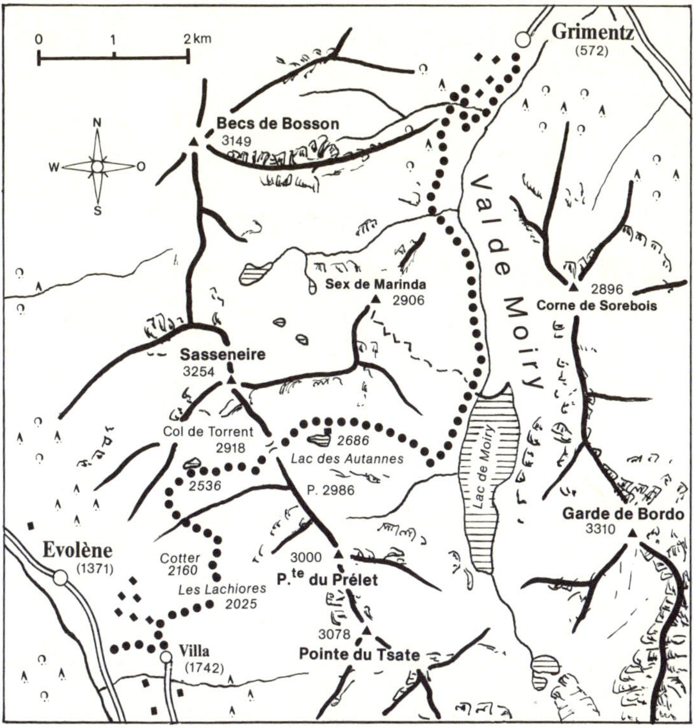

Mit dem Bus geht es dann nach *Grimentz* mit seiner malerischen Dorfgasse. Dunkelbraun sind die Balken und die Häuser verschwenderisch geschmückt durch eine reiche Fülle an bunten, leuchtenden Blumen in Kästen, Weidenkörben und Kupferkesseln vor Fenstern, Balkonen und an Wänden. Als Bedachung der Häuser finden wir Granitplatten oder Lärchenschindeln.

Mit dem Bus kehren wir über Vissoie/Val d'Anniviers und Sierre/Rhônetal nach Evolène/Val d'Hérens zurück.

Nützliche Informationen

Tourencharakter: Unschwierige Paßüberschreitung. **Beste Jahreszeit:** Juli bis September/Oktober. **Höhendifferenz:** 1240 Meter Anstieg, 900 Meter Abstieg. **Reine Gehzeit:** 5 Stunden. **Karte:** Landeskarte der Schweiz 1:50000, Blätter 283 (Arolla) und 273 (Montana). **Einkehrmöglichkeit:** Restaurant am Lac de Moiry. **Talorte:** *Grimentz* (1572 m). Hotels, Pensionen, Restaurants und diverse Touristenlager. Bank, Post, Hallenbad, Tennisplatz, Minigolf, Skischule, Sessel- und Skilifte. Im Sommer Busverbindung zum Lac de Moiry. Verkehrsbüro: CH-3961 Grimentz; Tel.: 027/651493. *Villa, Evolène* und *Les Haudères*, s. Tour 19.

Gletscherwanderung zum Pigne d'Arolla

Tour 22

Arolla – Cabane des Vignettes – Pigne d'Arolla – Glacier de Cheilon – Pas de Chèvres – Arolla

Der Pigne d'Arolla ist nicht nur eines der klassischen Ziele auf der Haute Route, sondern auch einer der schönsten Gipfel, die das Arollatal überragen.

Wir starten beim *Grand Hotel & Kurhaus* in *Arolla* (2067 m). Der Weg zieht rechts am Hotel vorbei. An einer dicken Arve der Hinweis *»des Dix«* und *»des Vignettes«*. Unser Tagesziel ist die Cabane des Vignettes. Über die Lichtung von *Tsijiore Nouve* gelangen wir auf einen breiten Forstweg, dem wir nach links bis zu einer *Holzbrücke* über den breiten *Gletscherbach* folgen (sicherster Weg). Oder wir gehen bachaufwärts weiter geradeaus. Nach Queren des Bergbaches steigen wir den Moränenhang empor (Punkt 2204), über dessen Kamm sich der Pfad in sanfter Steigung, später in Kehren, höherzieht.

Gut markiert führt der Weg durch eine Mulde (2519 m) zwischen Felsblöcken hindurch – wenige Meter unter uns ein kleiner See. Nach Queren eines Firnfeldes steigen wir am orografisch rechten Ufer des *Glacier de Pièce* (wenig Spalten, trotzdem aufpassen) weiter auf. Fantastisch ist der Blick auf den Pigne d'Arolla und den mächtigen Felssporn Louettes Econdoué, der im unteren Teil der Nordwand die vom Gipfelgrat herabziehenden Gletscherströme Tsijiore Nouve und Pièce trennt. Auf der bei normalen Wetterverhältnissen stets vorhandenen Spur geht es in sanfter Steigung zur *Cabane des Vignettes* (3158 m/4 Std.).

Es ist fünf Uhr. Vom *Col des Vignettes* stolpern wir in der Dunkelheit über Felsen und Geröll auf den Glacier d'Otemma hinab. Hier binden wir uns ins Seil ein. Es ist eine gute Spur vorhanden. Der spaltenreiche Gletscher ist aufmerksam zu begehen, ein paar Spalten sind zu überspringen. Auf dem Sattel knapp unterhalb des Gipfels deponieren wir die Rucksäcke. Kurz darauf stehen wir auf dem höchsten Punkt des *Pigne* (3796 m/+ 2½ Std.). Beglückend ist die Aussicht in alle Himmelsrichtungen – unter uns ein Meer von Gipfeln und Gletschern.

Zum Rucksackdepot zurückgekehrt, wandern wir über die weite Firnfläche unter dem *Col du Brenay* auf den *Glacier de Tsijiore Nouve* ab. Verlockend ist der Anblick des *Mont Blanc de Cheilon*, der nun sein Gesicht ständig verändert, je weiter wir absteigen. Der Pigne d'Arolla gleicht von hier nur noch einem Schneeberg mit runder Haube. Die Spur einer vorangegangenen Seilschaft ist längst in der Sonne dahingeschmolzen. Aufmerksam steigen wir den steilen, spaltenreichen *Glacier de Tsena Réfien* an seinem orografisch rechten Ufer ab. Wo sich ein Felssporn der Pointes de Tsena Réfien flach in den Gletscher senkt, legen wir unser Seilzeug ab und klettern über Felsblöcke und Geröll, Schneefelder und Blankeis auf den geröllbedeckten *Glacier de Cheilon* weiter ab. Der Gletscher ist nun völlig aper und von vielen, gut sichtbaren, kleinen Bächlein gleichenden Spalten durchzogen. Sie sind leicht zu überspringen oder zu umgehen.

Wir sind jetzt knapp drei Stunden vom Gipfel unterwegs. Bis zur *Cabane des Dix* ist es nicht mehr weit. Für die Rückkehr ins Tal bieten sich zwei Möglichkeiten an:

a) Abstieg zum *Lac des Dix* ins Val d'Hérémence. Nach kurzem Besuch der auf den Felsen über dem Glacier de Cheilon thronenden *Cabane des Dix* (2928 m/+ 3 Std.) steigen wir auf gut bezeichnetem Pfad in nördlicher Richtung zum *Pas du Chat* (2386 m) ab und wandern am Westufer des einem norwegischen Fjord gleichenden

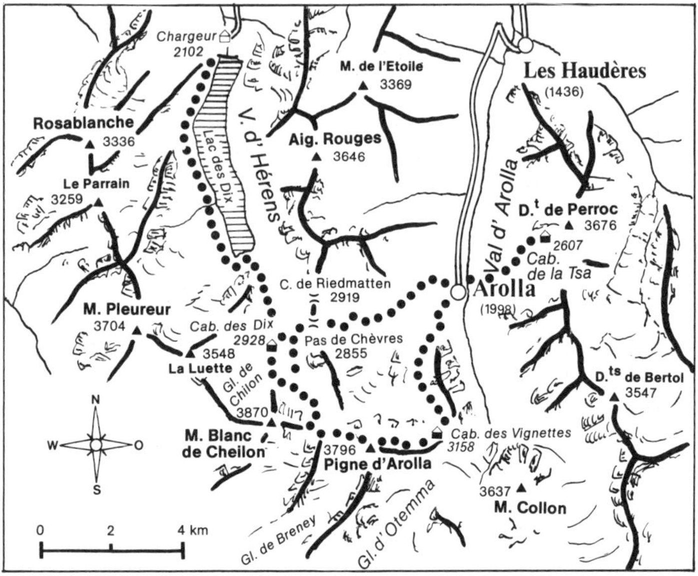

Lac des Dix (in etwa 2370 Meter Höhe) in großartiger Bergkulisse zur Krone des Stausees. Nun zu Fuß hinunter nach *Chargeur* (2102 m/+ 3 Std.) oder per Seilbahn. Weiterfahrt mit dem Bus nach *Hérémence* und ins *Val d'Hérens.*

b) Über den *Pas de Chèvres* nach Arolla. Zwischen der Cabane des Dix und dem Pas de Chèvres sind auf dem Gletscher Markierungsstangen angebracht, um dem nicht gletschergewohnten Bergwanderer einen sicheren Übergang über das geröllbedeckte Eis zu ermöglichen. Dann geht es durch Geröll und Felsen steil in eine Rinne hinein, durch die zwei versetzte Eisenleitern auf den *Pas de Chèvres* (2855 m/+ 1½ Std.) führen. Es läßt sich gut auf den Leitern emporklettern, wer jedoch nicht schwindelfrei ist, sollte den Gletscher ein Stückchen weiter hinabsteigen und den *Riedmattenpaß* (2919 m/ohne Leitern) als Übergang wählen. Auf der Ostseite des *Pas de Chèvres* ist es ein leichtes Hinabwandern. Etwa in 2750 Meter Höhe treffen sich die beiden Paßwege. Der weitere Abstieg zieht sich über die lieblichen, alpenflorareichen Weiden der Montage d'Arolla sanft dahin. Noch einmal zeigt sich im Süden der schöne Pigne d'Arolla. In seinen Nordwänden hängt der Glacier de Tsijiore Nouve wie ein gefrorener Wasserfall (Grand Hotel & Kurhaus/2067 m/+ 2 Std.).

Nützliche Informationen

Tourencharakter: Zweitägige kombinierte Bergwander-/Hochgebirgstour mit Gipfelbesteigung. Gletschererfahrung erforderlich, sonst in Begleitung eines Bergführers. Seil, Pickel, Steigeisen. **Beste Jahreszeit:** Mitte Juli bis Mitte September. **Höhendifferenz:** a) 1800 Meter Anstieg, 1750 Meter Abstieg. b) 1800 Meter Anstieg, 1800 Meter Abstieg. **Reine Gehzeit:** a) 12½ Stunden; b) 10 Stunden. **Karte:** Landeskarte der Schweiz 1:50000, Blatt 283 (Arolla). **Unterkunft:** *Cabane des Vignettes* (3158m), Sektion Monte Rosa, 127 Schlafplätze. Hüttenwart während der Saison. Tel.: 027/831322. *Cabane des Dix* (2928 m), Sektion Monte Rosa, 124 Schlafplätze. Hüttenwart während der Saison. Tel.: 027/811523. *Le Chargeur* (2102 m) am Fuß der Grande Dixence, Tel.: 027/811322. **Talorte:** *Arolla*, s. Tour 20. *Hérémence*, s. Tour 17. Sehenswert: La Grande Dixence im Talschluß des Val des Dix, s. Tour 17.

Gletscherwege unter dem Bishorn

Tour 23

Gruben/Meiden–Turtmannhütte–Turtmanngletscher–Cabane de Tracuit–Bishorn–Zinal

Zwischen Visp und Sierre im Rhônetal zweigt nach Süden die Straße ins Turtmanntal ab, ein wildes, felsiges Tal, das sich seine Ursprünglichkeit bis zum heutigen Tag erhalten hat. Erst bei Gruben weitet sich das Tal. Äußerst lohnend ist der hochalpine Gletscherweg von der *Turtmannhütte* zur *Cabane de Tracuit*, der allerdings Gletscherkenntnis voraussetzt, sonst nur mit Bergführer.

Von *Gruben/Meiden* am orografisch rechten Ufer des Turtmannbaches bis *Brändji*, wo wir uns nach links auf einen breiten Weg begeben, der sich in eine Schlucht hineinzieht. Nach etwa 30 Minuten treten wir aus dem Wald heraus und entdecken am östlichen Hang ein sich deutlich markierendes *Band*, zu dem wir recht steil über Almböden emporsteigen. Wir gelangen auf einen breiten *Höhenweg*, auf dem es sich nun auf etwa 2250 Meter leicht dahinwandert. Bei Punkt 2281 treffen wir auf den Talweg vom Stausee; eine halbe Stunde später ist die *Turtmannhütte* erreicht (2519 m/ 3 Std. ab Gruben, 2½ Std. ab Brändji).

Am nächsten Morgen brechen wir auf, sobald es hell wird, und steigen unter der *Barrwand* in südöstlicher Richtung durch ein enges, steiles *Schuttcouloir* (markiert), das »Gässi«, auf zu einem runden Felskopf. Der Weg gabelt sich: geradeaus geht es zum Schöllijoch (Übergang zur Topalihütte), nach rechts zur Cabane de Tracuit (Steinmann und entsprechender Hinweis). Wir finden Wegspuren, die uns zum *Bruneggletscher* (oder: östlicher Arm des Turtmanngletschers) führen. An geeigneter Stelle betreten wir den Gletscher, um ihn oberhalb des Gletscherbruches in 2800 Meter Höhe auf einen mächtigen Felshöcker zu zu queren. Steigspuren folgend erreichen wir den trigonometrischen Punkt 2913, steigen auf den westlichen Arm des *Turtmanngletschers* ab und wandern, zum Teil über geröllbedecktes Toteis, hinab auf ein 2800 Meter hoch gelegenes Plateau. Dann streben wir dem Westufer des Gletschers zu und steigen durch eine Gletschermulde oder entlang des Geröllhanges über einen anfangs recht steilen, später etwas abgeflachten Hang unter *Les Diablons* höher. Wegen Steinschlaggefahr wird häufig von der Mitte des Plateaus durch den Eisbruch zum Westufer des Gletschers hin traversiert. Der Durchstieg muß überlegt gewählt werden und darf nicht zu hoch in den Eisbruch hineinführen.

Nach schräger Durchquerung der Séraczone erreichen wir den steilen Firnhang und steigen nun auf eine weithin sichtbare Felsinsel (nahe des westlichen Gletscherrandes) zu. Die letzte halbe Stunde geht es über den nur wenig geneigten, aber bereits sulzigen Firn zum *Col de Tracuit* und weiter zur darüber liegenden *Cabane de Tracuit* (3256 m/+ 4 Std.).

Bei den meisten steht am nächsten Morgen das *Bishorn* auf dem Programm. Obgleich es »nur« ein Ausläufer des berühmten Weißhorns ist, darf das *Bishorn* doch als stolzer und selbständiger Viertausender bezeichnet werden. Zunächst liegt ein steiles, oft vereistes Firnfeld vor uns, dann geht es auf dem Turtmanngletscher über ein weites Plateau bis etwa 300 Meter südöstlich des 3591 Meter hohen Schneesattels und schließlich in eine Scharte zwischen den zwei Bishorngipfeln. Von hier zieht sich ein schmaler, überwächteter Grat steil zum höchsten Punkt hinauf (4153 m/+ 3 Std.). Sehr unmittelbar blicken wir auf das nahe Weißhorn, das uns seine wildeste Seite, die mit Eiswülsten beladene Nordwand, zeigt. Nach Norden reicht der Blick bis zu den Berner Alpen.

Auf der Anstiegsroute kehren wir zur *Cabane de Tracuit* zurück (3256 m/+ 2 Std.) und steigen nach einer Stärkung vom *Col de Tracuit* durch eine kurze felsige Rinne ab (bei nassem Wetter rutschig). Anschließend geht es auf gutem Bergpfad über Schutt- und Grashänge in nordwestlicher Richtung zur *Alpe Combautanna* (2578 m), dann nach *Chiesso de Tracuit* (2061 m) und zum Schluß in vielen Kehren ziemlich steil hinab nach *Zinal* (1675 m/+ 3 Std.).

Nützliche Informationen

Tourencharakter: Dreitägige Bergwander-/Hochgebirgstour mit Gipfelbesteigung. Gletschererfahrung erforderlich, sonst nur mit Bergführer. Seil, Pickel, Steigeisen. **Beste Jahreszeit:** Juli bis September. **Höhendifferenz:** 2700 Meter Anstieg, 2900 Meter Abstieg. **Reine Gehzeit:** 15 Stunden. **Karte:** Landeskarte der Schweiz 1:50000, Blätter 273 (Montana), 274 (Visp), 283 (Arolla), 284 (Mischabel). **Unterkunft:** *Turtmannhütte* (Cab. Tourtemagne/2519 m), Sektion Prévôtoise. 50 Schlafplätze. Hüttenwirt Juli bis September. Tel.: 028/421455. *Cabane de Tracuit* (3256 m), Sektion Chaussy. 112 Schlafplätze. Hüttenwart Juni bis Mitte September. Tel.: 027/651500. **Talorte:** *Turtmann*/Rhônetal (628 m). Hotels, Pensionen, Geschäfte, Vita Parcours. Verkehrsbüro: CH-3946 Turtmann; Tel.: 028/426191. *Unterems* (1003 m), *Oberems* (1341 m), *Eischoll* (1219 m), *Ergisch* (1086 m). Gasthöfe, Pensionen. Verkehrsvereine Turtmanntal und Umgebung: 1.) CH-3946 Turtmann; Tel.: 028/426191; 2.) CH-3951 Agarn; Tel.: 027/631638. *Vissoie*/Val d'Anniviers (1204 m). Verkehrsbüro: CH-3961 Vissoie; Tel.: 027/651338. *St. Luc*/Val d'Anniviers (1655 m). Verkehrsbüro: CH-3961 St. Luc; Tel.: 027/651412. *Chandolin*/Val d'Anniviers (1920 m). Verkehrsbüro:

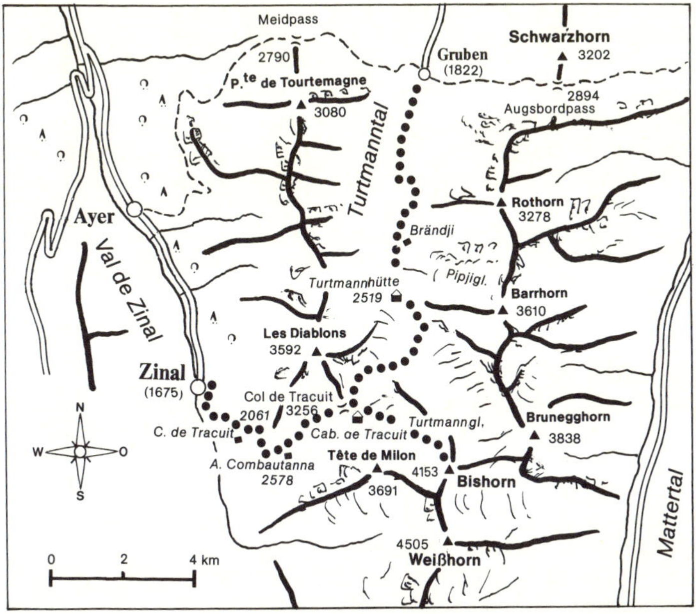

CH-3961 Chandolin; Tel.: 027/651838. *Zinal*/Val de Zinal (1675 m). Gasthöfe, Hotels, Pensionen, Gruppenunterkünfte. Post, Geschäfte; Kongreßsaal. Campingplatz. Ausgangspunkt für Hochtouren im Herzen der Walliser Alpen. Vielseitige Wandermöglichkeiten. Bergführerbüro. Kabinenbahn zur Alpe Sorebois (2445 m). Skigebiet mit 8 Schleppliften auf 2900 Meter Höhe. *Restaurant de Sorebois* (2438 m) und *Cabane de Sorebois* (2425 m; 25 Lager). Verkehrsbüro: CH-3961 Zinal; Tel.: 027/651370.

Verträumte Bergseen unter dem Fenêtre de Ferret

Tour 24

Ferret – Lacs de Fenêtre – Fenêtre de Ferret – Ferret

Bei Orsières geht es von der Straße zum Grand St. Bernard, die weiter ins Aostatal führt, nach rechts ab ins Val Ferret mit dem trogartigen Profil eines Gletschertales, das seinen Ursprung beim Glacier des Angroniettes am Fuße des Grand Golliat hat. Die Drance de Ferret vereinigt sich bei Orsières mit der Drance d'Entremont. Ein liebliches, weites Tal tut sich vor uns auf. Vorwiegend aus Sedimentgestein gebildet, liegt es zwischen den Granitfelsen der Montblanc- und Grand-Combin-Gruppe eingebettet. Som La Proz (968 m) ist der erste, vorwiegend aus Steinhäusern bestehende Ort. Eng ist die Dorfstraße von Issert (1074 m). Die hölzernen Galerien vor den Häusern verdecken fast den Himmel über uns. Der Weiler Les Arlaches (1117 m) liegt am orografisch rechten Ufer der Drance – ein Holzhaus reiht sich an das andere, sauber und mit reichem Blumenschmuck. Nur 1,5 Kilometer sind es bis Praz de Fort, diesem grauen und doch so harmonisch wirkenden Dorf.

La Fouly bietet dem Besucher ausreichenden Komfort in einem Tal, das der Mensch bisher wenig verändert hat und das ein echter Geheimtip ist. Unter Tour Noir und den wildgezackten Aiguilles Rouges mit dem weit ins Tal hinabfließenden Glacier de l'A Neuve liegen die wenigen Häuser von l'A Neuve (auch »La Neuvaz«) sowie der wildromantische »Camping des Glaciers«.

Letzter Ort im Tal ist der nur aus wenigen Holz- und Steinhäusern bestehende Weiler Ferret (1700 m) mit der kleinen Bergkapelle Notre Dame des Neiges von 1707.

Eine der schönsten Wanderungen führt zum Fenêtre de Ferret, vorbei an tiefblauen Seen, den Lacs de Fenêtre. Von *Ferret* aus wandern wir auf schattigem Waldweg zu den Alphütten von *Les Ars Dessus* (1802 m/½ Std.). Groß ist der Kontrast zwischen den sanften Weideböden im Osten und den harten Granitfelsen des Argentière- und Trient-Massivs im Westen, in denen blauschimmernde Gletscher hängen. Zahlreiche Wildbäche, hier »reuses« genannt, entspringen ihnen und fließen ins Tal. Vor der Alpe Les Ars Dessus (1955 m) führt ein Weg ins weite Tal von Darray zum Col du Ban Darray (2762 m/3 Std.). Über den sattgrünen, abgerundeten Almhängen von *La Peule* zeigen sich erstmals Ausläufer der Montblanc-Gruppe. Hinter den Hütten von *Plan de la Chaux* (2041 m/+ ¾ Std.) zieht sich das schmale Steiglein steiler in einen Felskessel hinein. Über gestufte Felsplatten geht es höher. Still und verträumt liegt dann plötzlich der erste *See* vor uns (2456 m/ + 1¼ Std.), 40 Meter höher (2495 m) der zweite. Ein Windhauch streift das tiefblaue Wasser und läßt winzige Lichtlein darüber tanzen. Dann glätten sich die Wellen wieder und vor uns breitet sich das Spiegelbild der Natur aus. Über grünen Matten stehen im Westen die grauschwarzen Felswände von Grandes Jorasses, Aiguilles Triolet und Mont Dolent.

Auf dem *Fenêtre de Ferret* (2698 m/+ 1 Std.) empfängt uns ein rauher Wind. Überraschend ist der Blick hinab zum Col du Grand St. Bernard (2458 m) mit dem kleinen See und dem Hospiz. Sehr fern der Gran Paradiso über dem Aostatal. Auf schwach zu erkennenden Pfadspuren folgen wir dem *Grat des Mont Fourchon* (zugleich Grenzverlauf zwischen Italien und der Schweiz) nach Südwesten bis *Punkt 2823* (+ ½ Std.) und haben nun einen Aussichtspunkt par excellence: Montblanc – Grandes Jorasses – Mont Dolent – Tour Noir – Grand Combin – Mont Velan. Hier kann man sitzen, bis der Abend hereinbricht – es ist wie ein Gipfelerlebnis.

Wer Lust hat, mag vom *Fenêtre de Ferret* zum nahen *Grand St. Bernard* absteigen (¾ Std.) und per Bus über Orsières ins Val Ferret zurückkehren. Der Paß ist einen Besuch wert. Als der heilige Bernhard von Menthon, Erzdiakon von Aosta, im 11. Jahrhundert das Hospiz auf dem später nach ihm benannten Paß gründete, hatte dieser bereits eine lange Geschichte hinter sich, möglicherweise mehrere tausend Jahre. Seine Bezwingung war wegen des arktischen Klimas unbeschreiblich gefährlich, trotzdem wurde der Verkehr immer stärker, da der Paß der beste und »bequemste« Übergang über den Alpenhauptkamm war. Händler, Pilger, hohe Herren sowie Könige und Kaiser benutzten den Großen St. Bernhard. Viele machten dem Hospiz Schenkungen zur Erleichterung seiner großen Aufgabe. Das berühmte Hospiz wird von Augustinerchorherren bewohnt. Der 1898 angefügte Neubau dient seit 1925 als Hotel.

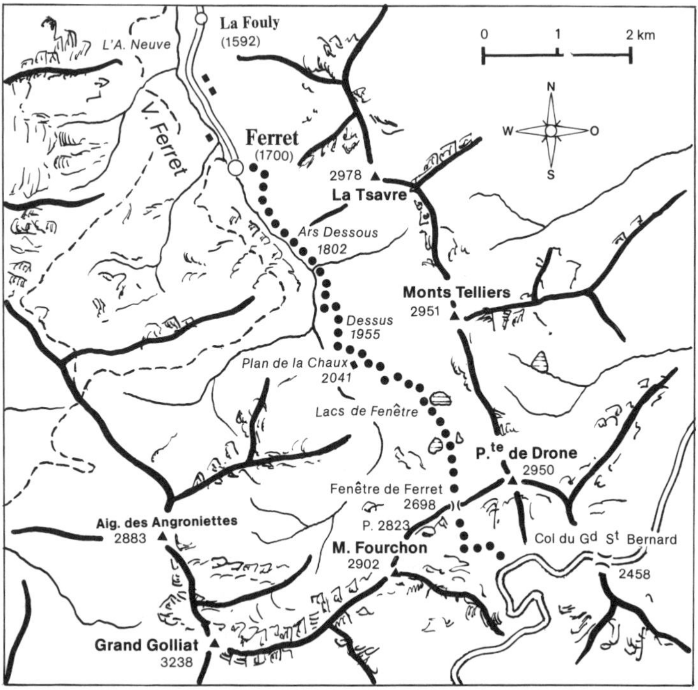

Wir entscheiden uns für die Rückkehr auf der morgendlichen Route und wandern hinab zu den *Lacs de Fenêtre*, die in ihrer Lieblichkeit der herben Berglandschaft einen farbenfrohen Akzent aufsetzen, besonders am späten Nachmittag und am Abend. Grandes Jorasses, Aiguilles Triolet und Mont Dolent stehen unnahbar und fremd über grünen Kuppen. Doch alles, was am Morgen im Licht der Sonne mächtig und groß wirkte, versinkt bald wie der Montblanc im sanften Dunst des schwindenden Tages.

Halb verschleiert wirft die Sonne ihr mildes Abendlicht schräg in die kleinen Tälchen von La Peule und Le Ban Darray und unterstreicht die verträumte Ursprünglichkeit dieser unberührten Berglandschaft. Über die Höhen streicht ein feiner Wind, während wir vorbei an den Hütten von Plan de la Chaux und Les Ars Dessus hinabwandern nach Ferret (1700 m/+ 2¼ Std.).

Nützliche Informationen

Tourencharakter: Unschwierige Bergwanderung. **Beste Jahreszeit:** Juli bis Oktober. **Höhendifferenz:** 1130 Meter Anstieg, 1130 Meter

Abstieg (zum Grand St. Bernard 780 m weniger Abstieg). **Reine Gehzeit:** 6¼ Stunden (zum Grand St. Bernard 1¼ Std. weniger und Rückkehr per Bus ins Val Ferret). **Karte:** Wanderkarte Val Ferret 1:40000 oder SAW-Wanderkarte 1:50000, Blatt 282 T (Martigny) und Landeskarte der Schweiz 1:50000, Blatt 292 (Courmayeur). **Talorte:** *Ferret* (1700 m), *La Fouly* (1592 m), *Prayon* (1464 m), *Orsières* (910 m), *Praz de Fort* (1151 m), *Issert* (1074 m) und *Som La Proz* (968 m). In diesen Orten gibt es einige Hotels, Restaurants, Pensionen, auch preiswerte Touristenlager. Post: Praz de Fort, La Fouly und Orsières. Bank, Drogerie, Arzt und Apotheke nur in Orsières. Informationen jeder Art über das Val Ferret und seine Orte: Société de développement, CH-1937 Orsières. Tel.: 026/831531. La Fouly, s. Tour 25.

Auf den Spuren der Tour du Montblanc

Tour **25**

La Fouly – La Léchère – Petit Col Ferret – Grand Col Ferret – La Peule – Plampro – La Fouly

Bedingt durch seine abgeschiedene Lage war das Val Ferret lange Zeit ein wenig bekanntes Gebirgstal. Dies änderte sich zu Beginn des 20. Jahrhunderts und brachte für die Bevölkerung große Veränderungen. Die Haupterwerbsquelle liegt in der Landwirtschaft. Südlich von Som La Proz beginnt der Tourismus nur ganz allmählich an Bedeutung zu gewinnen.

Eine der großartigsten alpinen Wanderungen ist die »Tour du Montblanc«. Auf einer Etappe berührt sie, über den *Grand Col Ferret* kommend, das gesamte Ferrettal bis hinauf nach Champex.

Auf dem *Petit* und *Grand Col Ferret*, die wir auf der folgenden Wanderung betreten werden, geht ein Hauch von »Tour du Montblanc«, dem wir uns nicht entziehen können.

Vom *»Camping des Glaciers«* in La Fouly folgen wir Pfadspuren in Richtung Gletscher. An einem Stein die Markierung: geradeaus Cabane de l'A Neuve (2735 m/3½ Std.), links *Le Clou/Pont*. Wir durchschreiten ein breites Geröllfeld und gelangen über die erwähnte Holzbrücke *(pont)* auf die andere Seite der Reuse de l'A Neuve. Unmittelbar über uns im Westen stehen Tour Noir und Aiguilles Rouges mit dem Glacier de l'A Neuve. Nach Südwesten zweigt ein Steig zum Bivouac du Dolent ab (durch eine kettengesicherte Rinne auf das *Plateau von La Maye* und weiter steil zur *Biwak-*

schachtel, 2667 m/3 Std.). Unser Weg zieht nach einem Hinweis auf *La Léchère* in ein Wäldchen hinauf. Ein Wirtschaftsweg windet sich über grüne Weideböden mit schöner Sicht über das gesamte Val Ferret zu den Alphütten von *La Léchère* hoch (1877 m/1½ Std.). Scharfkantig senkt sich der Grat von Pointes des Essettes und Pointes des Six Niers nordwestlich über La Fouly ins Tal.

Wir durchwandern die *Combe des Fonds*. Dunkel ragt der Mont Dolent gegen den Himmel. Vom Glacier du Dolent kommt ein frischer Wind herüber und macht die Luft plötzlich ganz rauh. Unter den leuchtenden Felswänden der Pointe Allobrogia steigen wir die letzten 200 Höhenmeter über ein Altschneefeld und Geröll zum *Petit Col Ferret* empor (2490 m/+ 1½ Std.). Wunderbar ist der Blick nach Südwesten ins italienische Val Ferret und Val Veni. Mächtig, fast erdrückend nahe, wirkt der von den Grandes Jorasses zum Mont Dolent ziehende Grat. Gletscher hängen in den Granitwänden. Als Übergang aus dem Italienischen wird der Petit Col Ferret selten gewählt, weil man von Süden kommend die Steigspuren entlang des Ostgrates über der Combe des Fonds schwer findet und dadurch leicht zu tief gerät. Im Aufstieg von La Fouly ist die Route problemlos und eigenwillig schön. Wir wenden uns nach Südosten, wo sich ein Pfad zum Punkt 2539 emporwindet. Nun unschwierig, jedoch zum Teil weglos, auf die *Tête de Ferret* (2713 m) und Abstieg zum *Grand Col Ferret* (2537 m/+ 1 Std.; oder in ½ Std. leicht unter den Südhängen der Tête de Ferret zum Col queren). Der Paß ist von alters her bekannt und der klassische Übergang auf der »Tour du Montblanc«. Jedoch auch ohne Montblanc-Umwanderung lohnt sich ein Abstieg ins italienische Val Ferret, um zum Beispiel von *La Saxe* (nahe Courmayeur) zwei noch völlig einsame Täler zu durchwandern: Val Sapin und Vallone di Malatra. Oberhalb des normalen Abstiegsweges zieht sich unter den Hängen der Tête de Ferret und La Dotse ein schmales Steiglein zu den Alphütten von *La Peule* hinab (2071 m/+ 1½ Std.). Im Osten erblicken wir erstmals den Grand Combin. Von La Peule wählen wir die selten begangene *»Variante Ferret – La Fouly«* (Hinweis an Hütte) und erleben einen Höhenweg voller Überraschungen. Immer wieder finden wir in Abständen Markierungen, während wir diese Urlandschaft durchwandern, in der noch der seltene Alpenrabe mit dem gebogenen roten Schnabel zu Hause ist – und der Königsadler, dessen Flügelschlag bis zu 1,50 Meter mißt.

Von der Rinderhütte *Plampro* (1955 m) wandern wir nur noch nach Norden. Bei einer Weggabelung (etwa 1750 m/+ 1 Std.) können wir in 15 Minuten nach Ferret absteigen oder noch 45 Minuten nach La Fouly wandern. Im Talgrund queren wir das steinerfüllte Bachbett des *Merdenson* über Felsbrocken und eine einfache Holzbrücke, bevor er in die Drance de Ferret mündet. Über *Le Clou* (1614 m/ + ½ Std.) erreichen wir, zum Schluß auf der kaum befahrenen Straße, La Fouly (1592 m/+ ¼ Std.).

Nützliche Informationen

Tourencharakter: Alpine Wanderung. **Beste Jahreszeit:** Juli bis September/Oktober. **Höhendifferenz:** 1120 Meter Anstieg, 1120 Meter Abstieg (ohne Gipfel je 200 m weniger An- und Abstieg). **Reine Gehzeit:** 7¼ Stunden (ohne Gipfel ½ Std. weniger). **Karte:** Wanderkarte Val Ferret 1:40000 oder SAW-Wanderkarte 1:50000, Blatt 282T (Martigny) und Landeskarte der Schweiz Blatt 292 (Courmayeur). **Talorte:** *La Fouly* (1592 m). Lebensmittelgeschäft, Hotels, Gasthöfe, Touristenlager. Campingplatz »Camping des Glaciers« (Michel Darbellay, Bergführer), Bergführerbüro und touristische Information: CH-1937 La Fouly; Tel.: 026/832717. *Champex* am Lac de Champex (1466 m), zu erreichen von Les Valettes und Som La Proz. Sessellift nach Breya. Campingplatz. Hotels, Pensionen, Ferienhäuser. Diverse Geschäfte. Sommer- und Winterkurort. Verkehrsbüro: CH-1938 Champex-Lac. Tel.: 026/831227. *Orsières* und *Ferret*, s. Tour 24.

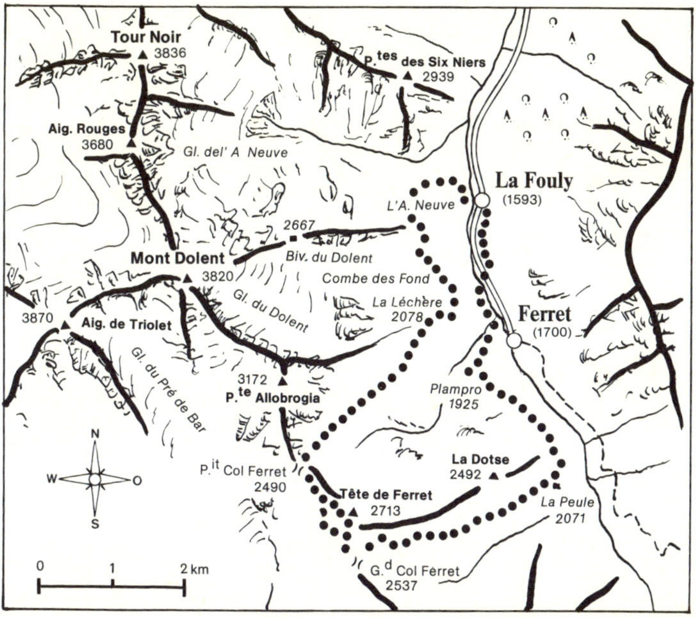

Auf hoher Route vom Lötschental ins Goms

Tour 26

Blatten – Lötschenlücke – Hollandiahütte – Aletschgletscher – Märjelenseen – Kühboden – Fiesch

Der nachfolgende Tourenvorschlag wird Sie über die Lötschenlükke in eine der großartigsten Hochgebirgsregionen führen, die zwar noch zum Kanton Wallis gehört, jedoch bereits in die Bergwelt der Berner Alpen übergreift. Es ist das vergletscherte Gebiet über dem *Konkordiaplatz,* dem Sammelbecken gewaltiger Gletscherströme (zugleich Ende der Nährzone und Anfang der Zehrzone): Jungfraufirn – Ewigschneefeld – Grüneggfirn – Großer Aletschfirn.

Von *Blatten* (1540 m) wandern wir über *Eisten* (1580 m) zum Maiensäßweiler *Kühmad* (1633 m). Eindrucksvoll ist die Wallfahrtskapelle »Mariä Heimsuchung« (17. Jahrhundert; Hochaltar 18. Jahrhundert), die von den Lötschentalern viel besucht wird. Der Weg zieht sich über Weideböden zur *Fafleralp* hin (1788 m/1½ Std.) mit ihren Holzhütten und -häusern, die im Sommer als Chalets an Feriengäste vermietet werden. Bis hier ist während der

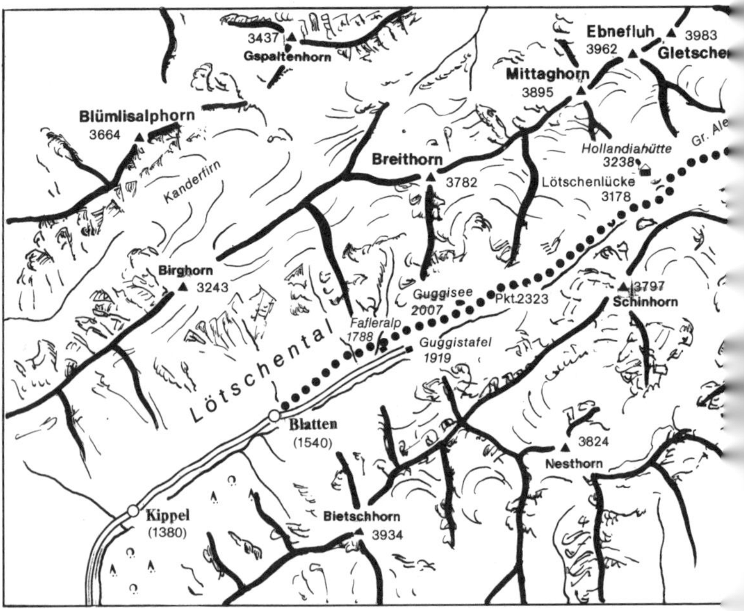

Sommermonate auch die Fahrt mit dem eigenen Pkw oder Postbus möglich. Das von Wildbächen und Gletschern bestimmte Landschaftsbild wird rauher, wenn wir an den Alphütten von *Guggistafel* (1919 m) vorbei, immer der Markierung folgend, zum 2007 Meter hoch gelegenen *Guggisee* aufsteigen. Hier öffnet sich uns sehr unmittelbar die eigenwillige Schönheit dieser Berglandschaft. Wir queren den vom Jägigletscher herabkommenden Anenbach (2108 m), bevor der Steig bei *Punkt 2323* endet (+ 3 Std.). Entweder kehren wir nun nach angemessener Rast mit Blick auf die steilen Felswände, die von Schinhorn, Breithorn und Bietschhorn auf den Gletscher herabziehen, in knapp 3 Stunden nach Blatten zurück, oder wir führen eine der schönsten Gletscherüberschreitungen durch, die jedoch Gletscherkenntnis oder erfahrene Begleiter voraussetzt – sonst nur am Seil eines Bergführers. Wir betreten den *Langgletscher*, queren ihn zur Mitte hin und steigen, ständig an Höhe gewinnend, zur *Lötschenlücke* (3178 m) auf. Einem Adlerhorst gleich klebt die *Hollandiahütte*, die wir wenig später erreichen, an den Felsen (3238 m/+ 3½ Std.). Unvorstellbar ist für denjenigen, der sich noch nie in solchen Regionen bewegte, das Panorama von der Hollandiahütte.

Weiter am nächsten Morgen über den Großen Aletschfirn zum

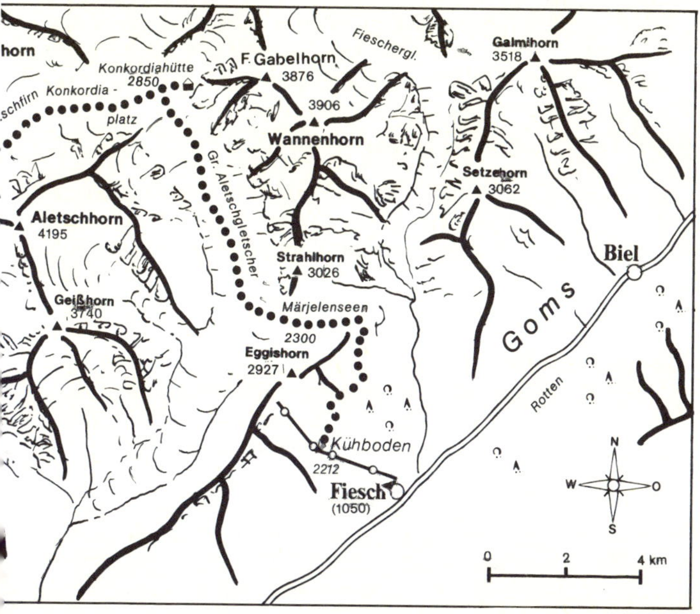

Konkordiaplatz. Der Gletschersumpf muß je nach Verhältnissen nördlich oder südlich umgangen werden (etwa in 2750 m Höhe/ + 2½ Std.; evtl. Besuch der *Konkordiahütten* über eine an die Felsen gebaute Eisentreppenanlage). Vom Konkordiaplatz geht es über den aperen, besonders an seinem Rand von einem Spaltensystem durchzogenen Großen Aletschgletscher abwärts. Wie eine breite Fahrstraße fließt er nach Süden hinab. Die Abstiegsroute verläuft (normalerweise unschwierig) zwischen der orografisch linken Seitenmoräne und der Mittelmoräne. Etwa in 2340 Metern Höhe steigen wir zwischen Strahlhorn und Eggishorn ins Märjelentälchen ab (entweder direkt über das Eis oder in den Felsen des Strahlhorn-Südwesthanges; ca. 2320 m/+ 2½ Std.). Es ist noch gar nicht so lange her, da schwammen mächtige Eisblöcke im Wasser des unteren Sees, der heute zumeist völlig ausgetrocknet daliegt. Jedoch bleibt diese zauberhafte Landschaft nach wie vor ein beliebtes Ausflugsziel »auf trocknen, unschwierigen Wegen« (siehe Tour 27). Kurz darauf gelangen wir zum oberen See, dem aufgestauten »Vordersee« (mit der Schutzhütte »Gletscherstube«). Seit Frühjahr 1987 werden im »Vordersee« 500000 cbm Wasser für die Trinkwasserversorgung mehrerer Gemeinden des Aletschgebietes gestaut.

Über die ausgedehnte *Märjelenalp* wandern wir in leichtem Auf und Ab um den *Tälligrat* herum. Die Wanderung entlang des Hanges ist äußerst genußvoll, während die Walliser Gipfelparade über dem Rhônetal zunehmend eindrucksvoller wird. Vom *Kühboden* (2212 m/+ 2 Std.), Mittelstation der Fiesch-Eggishorn-Bahn, fahren wir mit der Seilbahn ins Goms (Rhônetal) hinab.

Nützliche Informationen

Tourencharakter: Zweitägige kombinierte Bergwander-/Hochgebirgstour. Gletschererfahrung Voraussetzung, sonst nur mit Bergführer. Seil, Pickel, Steigeisen. **Beste Jahreszeit:** Juli bis August/ September. **Höhendifferenz:** 1700 Meter Anstieg (ab Fafleralp 250 m weniger), 1000 Meter Abstieg. **Reine Gehzeit:** 15 Stunden (ab Fafleralp 1½ Std. weniger). **Karte:** SAW-Wanderkarte 1:50000, Blatt 264T (Jungfrau) oder Wanderkarte Aletschgebiet und unteres Goms 1:25000. **Unterkunft:** *Hollandiahütte* (3238 m), Sektion Bern. 106 Schlafplätze. Hüttenwart: 1.4. bis 31.5. und 1.7. bis 31.8. sowie Ostern und Pfingsten. Tel.: 028/491135. *Konkordiahütten* (2850 m), Sektion Grindelwald. 129 Schlafplätze. Hüttenwart: Ende März bis Ende September. Tel.: 036/551394. Schutzhütte »Gletscherstube« am (gestauten) Vordersee/Märjelenalp. Kühboden (2212 m): *Hotel-Restaurant Jungfrau,* Tel.: 028/711988, Hotel Alpina, Tel.: 028/712424 und Hotel Eggishorn, Tel.: 028/711444. **Talorte**

im Aletschgebiet: Fiesch und Mörel, s. Tour 27. Brig, s. Tour 28. **Talorte im Lötschental:** Ferden, Kippel, Wilder, Ried und Blatten. Hotels, Gasthöfe, Chalets. Einkaufsmöglichkeiten. Postbusverbindung bis Fafleralp. Verkehrsverein Lötschental: CH-3918 Wiler; Tel.: 028/491388.

Bergwandern im Zauber des Großen Aletschgletschers

Tour 27

Bettmergrat – Oberer Gletscherweg – Märjelensee – Unterer Gletscherweg – Biel – Aletschwald – Riederfurka – Riederalp – Mörel

Das Aletschgebiet darf mit Recht als eine der großartigsten und vielfältigsten Alpenregionen bezeichnet werden, durchzogen von einem hervorragenden Wanderwegnetz, dessen Mittelpunkt der Große Aletschgletscher bildet. Mit einer Länge von 24 Kilometern und einer Fläche von 86 Quadratkilometern ist dieser gewaltige Eisstrom der längste und größte Alpengletscher.

Umgeben von einer grandiosen Bergkulisse liegt über dem Großen Aletschgletscher das *Aletschwald-Reservat* (ca. 75 Prozent Arvenbestand). Hier kann man Bäume bestaunen, die gut 800 Jahre alt sind. 1933 wurde das 220 Hektar große Gebiet unter Naturschutz gestellt. 1974 erwarb der Schweizerische Bund für Naturschutz die auf der Riederfurka um 1900 von Sir Ernest Cassel als Sommersitz erbaute Villa Cassel und eröffnete hier das erste Naturschutzzentrum der Schweiz mit ständigen Ausstellungen für Tagesbesucher sowie einem Alpengarten. Das Zentrum bietet jeden Sommer interessante Ferien- und Fortbildungsprogramme an.

Zu den meistbesuchten Regionen im Aletschgebiet zählen Riederalp und Bettmeralp. Lieblich anzusehen ist die auf einem Hügel der Bettmeralp gelegene »Kapelle Maria zum Schnee«, erbaut im Jahre 1679. Der barocke Hochaltar (17. Jh.) stammt aus der Werkstatt von J. Sigristen. 1985 erstellten Verkehrsbetriebe, Gemeinde und Verkehrsverein von Bettmeralp den *»Gletscherweg Aletsch«*. Als Trasse diente ein von Schafhirten benutzter kleiner Pfad unter *Eggishorn* und *Bettmerhorn* zwischen *Bettmergrat* und *Märjelensee*. Die 1½stündige Wanderung hoch über dem Großen Aletschgletscher gehört mit zum schönsten in diesem Gebiet. Ausgangspunkt ist die Bergstation auf dem *Bettmergrat* (2643 m). Ein Panoramarestaurant lädt auch denjenigen, der nicht wandern kann oder will, zum Schauen, Rasten und zur Stärkung ein. Der Gipfel des *Bettmerhorns* (2856 m) ist von trittsicheren Gehern in ½ Stunde zu ersteigen. Unsere Tour wird jedoch auch ohne Gipfelerlebnis voller Höhepunkte sein. In wenigen Minuten geht es zum Aussichtspunkt *Gletscherblick* – hier öffnet sich die Aussicht auf den mächtigen Eisstrom und die Kette der Berner Alpen.

Leicht abfallend wandern wir dann über Steintreppen und eine Weganlage hinab zur *Roti Chumma* (2348 m/1 Std.). Die Aussicht ist unbeschreiblich, und ständig weht eine frische Brise vom Gletscher herauf. Über einen in den Fels gehauenen breiten Weg erreichen wir die Gratkante, die sich vom Eggishorn zum *Märjelensee* hinabzieht (ca. 2300 m/+ ½ Std.). Einst füllte der Märjelensee das ganze Märjelental aus und floß nach Lust und Laune hinunter ins Fieschertal, oder er versetzte die Leute in Naters in Angst und Schrecken, weil er durch die Massaschlucht das Wasser ergoß. So

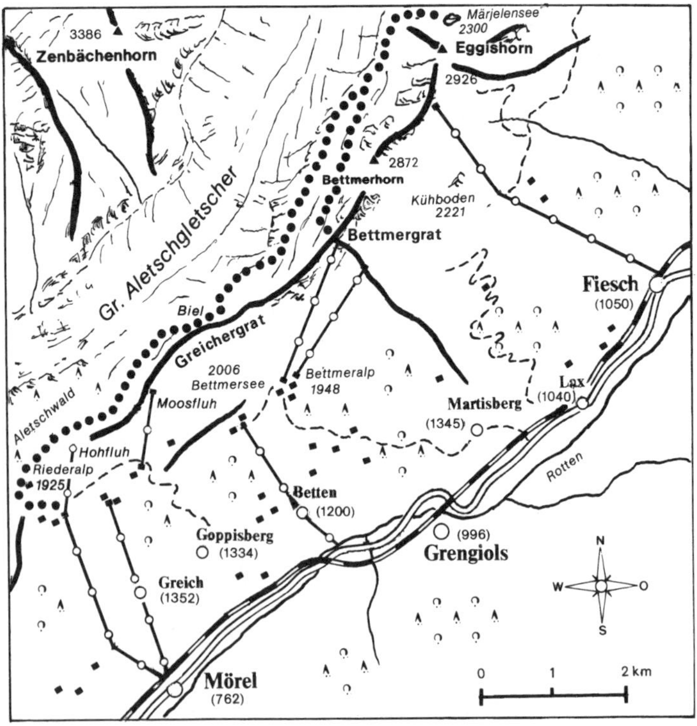

hatte der See vor 100 Jahren folgende Ausmaße: Länge 1712 Meter, Breite 460 Meter, größte Tiefe 78 Meter und mittlere Tiefe 23 Meter. Nach Westen wurde der See durch die hohe Eiswand des Aletschgletschers gestaut, und auf dem See schwammen fast hausgroße Eismassen. Aber leider ist der Märjelensee nicht mehr das, was er einmal war. In der Tat ist es so, daß der See in einem Jahr recht viel, im anderen Jahr wenig oder gar kein Wasser hat. Wer zu Beginn des Sommers diese Wanderung macht, mag wie wir Glück haben und wenigstens einen kleinen Abglanz des berühmten Märjelensees erleben. Und auch, wenn das Märjelental unterm Aletschgletscher nicht mehr wie in vergangenen Zeiten an eine Polarlandschaft erinnert, ist das Gebiet mit einzelnen Tümpeln und dem aufgestauten Vordersee doch ganz zauberhaft.

Gerne wird die Wanderung wie folgt als Rundtour durchgeführt: vom Vordersee entweder durch den Tällitunnel (am kürzesten) oder um den Tälligrat herum nach Kühboden (Mittelstation der Fiesch-Eggishorn-Bahn) und zurück zur Bettmeralp (3¼ Std.).

Wir kehren zur *Roti Chumma* zurück (2348 m/+ ¾ Std.), verlassen den *»oberen«* (vom Bettmergrat kommenden) *Gletscherweg* nach rechts und befinden uns nun auf dem fast eben verlaufenden *»unteren« Gletscherweg*. Dieser wunderschöne Weg, der zum großen Teil einer uralten Wasserfuhre folgt und beeindruckende Tiefblicke gewährt, wurde 1987 von den Verkehrsbetrieben, den Gemeinden Ried, Greich und Goppisberg sowie dem Verkehrsverein Riederalp zwischen Moosfluh und Roti Chumma ausgebaut. Über eine kleine Hochfläche gelangen wir auf den *Greichergrat/Biel* (2292 m/+ 1 Std.; von hier in 1 Std. zurück auf den Bettmergrat). Von Biel können Sie leicht ansteigend auf die Moosfluh und etwas absteigend zum Blausee gelangen (¼ Std.); dann mit der Sesselbahn hinab nach Riederalp. Schön ist auch folgende Variante: Von Biel der Krete folgen über Moosfluh zur Bergstation Hohfluh (½ Std.) und mit der Sesselbahn abwärts nach Riederalp. Doch uns lockt der nahe *Aletschwald*. Wir wählen den *Moränenweg* und erleben einen der beglückendsten Waldspaziergänge inmitten uralter Arven, vermodernder Baumstümpfe und leuchtender Alpenrosenhänge. Von der *Riederfurka* am Rande des Aletschwaldes (2064 m/+ 1 Std.; evtl. Ausstellung und Alpengarten besichtigen) schlendern wir auf dem alten Saumweg leicht hinab nach *Riederalp* (1925 m/ + ½ Std.). Nach Besuch des »Alpmuseums Riederalp« Talfahrt mit der Gondel nach Mörel.

Nützliche Informationen

Tourencharakter: Unschwierige Bergwanderung im Anblick des Großen Aletschgletschers. Viele Variationsmöglichkeiten. **Beste Jahreszeit:** Juli bis Oktober. **Höhendifferenz:** 250 Meter Anstieg, 750 Meter Abstieg. **Reine Gehzeit:** 4¾ Stunden. **Karte:** SAW-Wanderkarte 1:50000, Blatt 264T (Jungfrau) oder Wanderkarte Aletschgebiet und unteres Goms 1:25000. **Einkehrmöglichkeit:** Panoramarestaurant *Bettmergrat,* Restaurant Riederfurka. **Unterkunft:** *Bettmeralp, Riederalp, Riederfurka, Gletscherstube* am Vordersee, *Kühboden* (falls Rückweg über Tälligrat oder Tällitunnel). Verkehrsbüro Riederalp: CH-3987 Riederalp; Tel.: 028/271365 + 271366. Verkehrsverein Bettmeralp-Betten: CH-3992 Bettmeralp; Tel.: 028/271291 + 272401. Gondel auf den Bettmergrat; Sesselbahnen: Riederalp–Hohfluh und Riederalp–Moosfluh. **Talorte:** *Mörel* (759 m). Seilbahnen: Riederalp und Tunetsch. Verkehrsbüro: CH-3983 Mörel; Tel.: 028/271002. *Fiesch* (1050 m). Bergsteigerschule. Apotheke, Arzt. Talstation der Kühboden-Eggishorn-Seilbahn. Verkehrsbüro: CH-3984 Fiesch; Tel.: 028/711466. *Betten-FO* (917 m), Talstation der Seilbahn nach *Betten* und *Bettmeralp. Naters* (680 m). Sehenswerter alter Dorfkern. Busverbindung nach *Blatten* (1322 m), von hier Seilbahn zur *Belalp.* Verkehrsverein Naters-Blatten-Belalp: CH-3914 Blatten/Naters; Tel.: 028/231385.

Höhenweg an der Lötschberg-Südrampe

Tour 28

Hohtenn – Außerberg – Eggerberg – Lalden – Brigerbad – Brig

Das vom Rhônegletscher trogförmig ausgearbeitete Rhônetal ist die Hauptlebensader des Wallis. Diese Bedeutung zeigt sich Jahrhunderte hindurch in der wechselvollen Geschichte des Landes, aber auch in den Orten durch Klöster, Kirchen, Burgen und Handelshäuser, die an bedeutsame Zeiten erinnern.

Nahe Gampel (Abfahrt ins Lötschental) liegt Hohtenn, Ausgangspunkt des 1960 eröffneten Höhenweges an der *»Lötschberg-Südrampe«*, der sein Gegenstück im Berner Oberland findet. Dort führt der 1961 eingeweihte Höhenweg »Lötschberg-Nordrampe« von Ramslauenen/Kiental nach Kandersteg/Kandertal am Nordportal der BLS-Bahn. Er wurde 1987 neu erstellt und 1988 im Jubiläumsjahr der BLS-Bahn schöner denn je seiner Bestimmung übergeben. Auf einer Länge von 20 bis 25 Kilometern ist der Höhenweg »Südrampe« einem ständigen landschaftlichen Wechsel unterworfen. Die Wanderung kann an verschiedenen Punkten abgebrochen werden, um von einer der BLS-Stationen zurückzufahren oder ins Tal abzusteigen. Empfehlenswert sind die bei der Lötschbergbahn erhältlichen Spezialbillets. Wie die von 1906 bis 1912 erbaute Bern-Lötschberg-Simplon-Bahnlinie (BLS) durchmißt der Höhenweg am Rande des eidgenössischen Aletschbahnbezirkes die Ausläufer der Bietschhornkette gegen das Rhônetal, dabei sämtliche Bergrippen voll ausgehend, die die Bahn unter Tunneln durchfährt. Sanften Grashängen und verträumten Birkenwäldchen folgen gewaltige Schluchten mit reißenden Wildwassern – hier himmelwärtsstürmende Felswände, dort die sanft dahinplätschernden oder lustig sprudelnden »Suonen« oder »Bissen« (künstliche Wasserleitungen), die uns auf etlichen Wegstrecken begleiten. Wir befinden uns hier im regenärmsten und trockensten Teil des Wallis, ja der gesamten Schweiz. Würde das »Heilige Wasser« nicht in langen, kostspieligen Leitungen den Wiesen und Äckern zugeleitet – sie müßten verdorren und versteppen.

Wir verlassen *Hohtenn* (1079 m; Bahn- und Postbusverbindung) kurz hinter der Station und erreichen bald auf einem in den Fels gesprengten Weg den *Lüegilchigraben*. Erster Höhepunkt ist der Blick auf den 50 Meter hohen *»Luogelkinviadukt«* der Bern-Lötschberg-Simplon-Bahn, der sich zum Schlüchjitunneleingang spannt. Über dem Dörfchen *Liden* steigt der Weg etwas an ins *Jolital*. Nach Überqueren des *Jolibaches* blicken wir vom Aussichtspunkt *Brägi* weit ins Tal hinab. Entlang einer Bisse wandern wir über der *Rarnerkumme* leicht dahin. Im Talgrund liegt der geschichtsträchtige Ort *Raron*.

Nach einem Aufstieg von 90 Metern an den Ställen von *Ritzubode* vorbei zieht sich der schöne Steig ins wildromantische *Bietschtal* hinein. Wieder folgen wir ein Stück lang einer uralten Bisse. In einer Waldlichtung zweigen wir rechts ab (etwa 1080 m Höhe/1½ Std.; geradeaus geht es ins hintere Bietschtal). Nach einer Kurve treten wir schließlich aus dem Wald hinaus zur Brücke über dem *Bietschbach*, eine Sehenswürdigkeit besonderer Art: Hier schlossen sich durch das Ansetzen von Tuffstein die Schluchtwände, und es entstand eine natürliche Brücke. An der orografisch linken Bietschtalflanke nun talaus, unter der Bietschtal-Eisenbahnbrücke, die eine Spannbreite von 136 Metern hat, hindurch und zum Aussichtspunkt *Riedgarten*.

Dann steigen wir etwas gegen *St. German* hin ab, bis der Höhenweg der Bisse *Manera* entlang abzweigt, bald wieder in lichten

Bergwald und ins *Mankintobel* führt. Prächtig ist die Sicht ins Rhônetal, erstmals auch hinüber zu den Bergen des Simplongebietes. Von *Außerberg-Station* (931 m) rechts vorbei am Hotel-Restaurant nach *Außerberg-Trogdorf* (1008 m/+ 1½ Std.). Eine Zeitlang folgen wir der Bisse *Undra* auf lieblichem Weg zur weithin sichtbaren *Theresienkapelle*. Vom Weiler *Mühle* zieht sich der Pfad ins *Baltschiedertal* hinab, stößt auf den Hüttenweg zur *Baltschiederklause* (SAC-Hütte), den wir jedoch bald wieder verlassen, um der gelben Markierung folgend den *Baltschiederbach* zu queren. Durch einen lichten Birkenhain gelangen wir schließlich zum Dörfchen *Eggerberg* mit Weinbaumuseum (853 m/+ 1¾ Std. Bahnanschluß).

Das letzte Wegstück hat tessinischen Charakter und führt uns über *Stadel* und *Roorli* nach *Lalden* (800 m/+ ¾ Std.). Nun ist es nicht mehr weit zu den Thermalquellen von *Brigerbad* (655 m/+ ¾ Std.). Von hier besteht Postbusverbindung nach Brig, oder man nimmt den von alters her bestehenden Fußweg von Brigerbad nach *Brig* (681 m/+ 1¼ Std.). Eindrucksvoll steht der Stockalperpalast mit seinen drei Zwiebeltürmen über dem Ort, einem der wichtigsten Verkehrsknotenpunkte im Rhônetal. Der größte Herrensitz der Schweiz, erbaut vom Handelsherrn und »ungekrönten König« des Wallis, Kaspar Jodok Stockalper (1609–1682), diente zugleich als Lager- und Umschlageplatz für den Warenverkehr. Zahlreiche

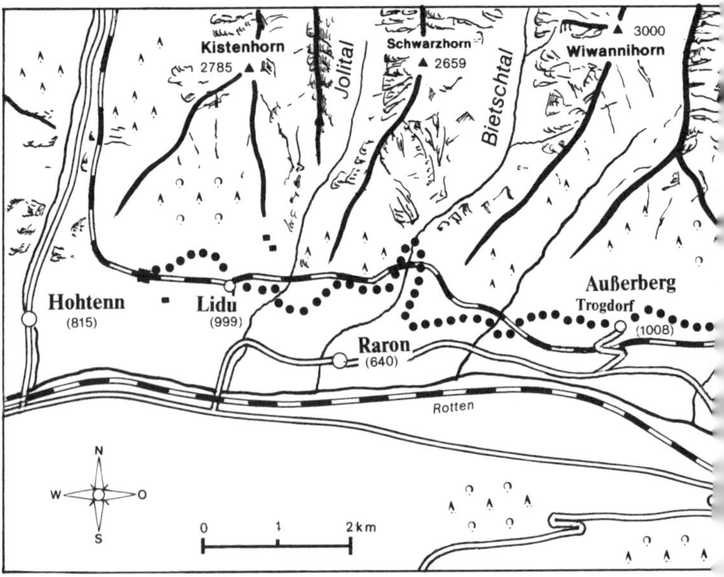

stattliche Patrizierhäuser säumen die Gassen dieser historisch bedeutsamen Walliser Kleinstadt.

Am 24. September 1993 wurde Brig von einer der schlimmsten Naturkatastrophen heimgesucht. Zu dieser Zeit verwüsteten außergewöhnlich schwere Regenfälle und heftige Stürme auch andere Teile der Schweiz sowie Norditaliens und Frankreichs. Nach ununterbrochenen Regenfällen während drei Tagen verwandelte sich das Flüßchen Saltina, das sonst ruhig durch Brig fließt, in einen reißenden Strom, dabei Unmengen an Sand, Steinen und Holz mit sich führend. Eine unaufhaltsame Schlammlawine (bis zu 2 Metern Höhe) wälzte sich durch den Ort. Dieses Unglück war schmerzlich für die Einwohner von Brig, und es bedurfte großen Einsatzes, das schöne Städtchen wieder in Ordnung zu bringen – nicht zuletzt auch für seine Besucher.

Unweit von Brig liegt Naters, in dessen Schatten Brig einst stand. Sehenswerte Baudenkmäler stammen aus dem 12. und 14. Jahrhundert.

Nützliche Informationen

Tourencharakter: Höhenweg am Sonnenhang des Rhônetales. **Beste Jahreszeit:** Mai bis Oktober, am schönsten im Herbst! **Höhen-**

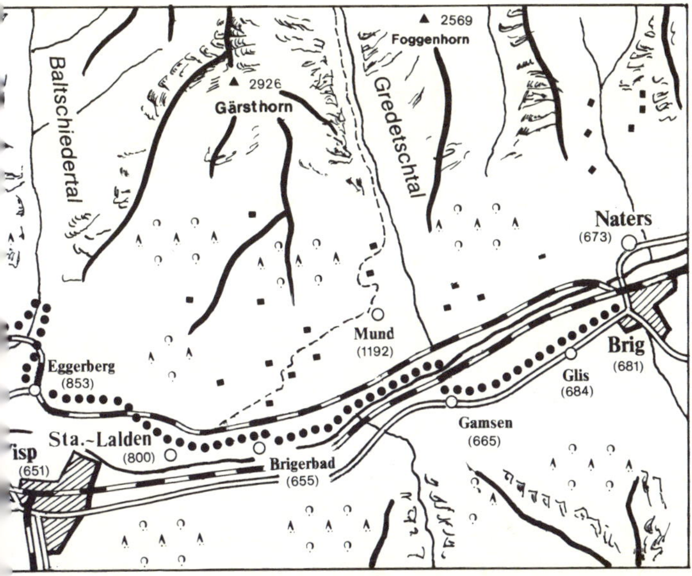

differenz: 400 Meter Anstieg, 800 Meter Abstieg. **Reine Gehzeit:** 6¼ bzw. 7½ Stunden. **Karte:** Landeskarte der Schweiz 1:50000, Blatt 274 (Visp). **Einkehrmöglichkeit:** *Hohtenn, Rarnerkumme, Alp Tatz, Alp Laden, Finnen, Kastler.* **Unterkunft:** *Außerberg* und *Eggerberg* mit Postautoanschluß nach *Visp*. Eggerberg liegt am Eingang des unter Landschaftsschutz gestellten *Baltschiedertales. Mund* und *Birgisch* mit Postautoanschluß nach Brig. *Mund* (Luftseilbahn nach Gamsen) wird das »Safrandorf« genannt; hier gibt es die einzigen Krokus-Kulturen dieser Art in Europa. Information: Verkehrsverein »Sonnige Halden am Lötschberg«, CH-3939 Eggerberg; Tel.: 028/461273. **Talorte:** *Brigerbad* (655 m). Thermalbad. Campingplatz. Verkehrsverein Brigerbad, Postfach 139, CH-3900 Brig; Tel.: 028/464688 (Sommer), 028/231409 (Winter). *Brig* (681 m). Internationaler Verkehrsknotenpunkt, Ausgangspunkt für Pässerundfahrten. Stockalperpalast, Museum, Theater, Schloßkonzerte. Verkehrsverein Brig am Simplon, Postfach 688, CH-3900 Brig; Tel.: 028/231901. *Visp* (647 m). Sehenswert: gräfliches Viertel. Campingplatz. Verkehrsbüro: CH-3930 Visp; Tel.: 028/466161.

Über Merezebach und Löwiwibach

Tour 29

Münster – Alpe Chäller – Schafberg – Löwiwibach – Hobachkeller – Reckingen

Rhônetal – das klingt für viele wie Musik in den Ohren: südliche Sonne, Weinberge, Aprikosenplantagen, alte Schlösser und Burgen. Kurzum: Wärme und Romantik. Darüber die undurchdringlich scheinende Felsmauer der Berner Alpen: Gipfel mit klangvollen Namen und Gletscher, die weit in die Täler hinabreichen. Nach Süden führen schöne, zum Teil wildromantische Bergtäler in die Hochburg der Walliser Viertausender. Doch wer horcht auf, wenn vom Goms die Rede ist – dieser beschaulichen Tallandschaft am jungen Rotten, wie die Rhône hier von den deutschsprachigen Wallisern genannt wird.

Die meisten Reisenden, die über den Furka-, Grimsel- oder Nufenenpaß fahren, bemerken gar nicht die Schönheit des Goms. So wird diese stille, friedvolle Landschaft, die in ihrer Gesamtheit rein äußerlich so wenig Aufhebens von sich macht, immer ein Geheimtip für diejenigen bleiben, die die Ursprünglichkeit der Natur und der dörflichen Idylle im Verborgenen suchen und zu finden wissen. Dem Durchfahrenden mögen die Gommer Dörfer armselig vorkommen. Doch der Schein trügt. Die über 2000 Meter hoch gelegenen Gletscherseen und Wasserläufe der Hochalpen, auf denen das Vieh »gesömmert« wird, bringen den kleinen Orten beachtliche Einnahmen: Das Wasser wird auf ausgeklügelten Wegen ins Tal zu entfernt gelegenen Industrieanlagen befördert.

An dieser Stelle sei noch ein beliebtes Freizeitangebot des Obergoms erwähnt: Schlauchbootfahrten auf der jungen Rhône zwischen *Oberwald* und *Gluringen*. Auf der 14 Kilometer langen Fahrt, die etwa 90 Minuten dauert, erleben die Teilnehmer unter kundigem Kommando einen »Hauch von Grand Canyon« mit Stromschnellen, Wasserfontänen, Wasserschöpfen und anderen unvorhergesehenen Abenteuern.

Als Ausgangspunkt für unsere Wanderung ins Merezebachtal wählen wir *Münster* (1388 m). Nicht weit ist es von der Dorfmitte zum *Rotten* (1360 m), den wir über eine Brücke queren. Oberhalb von *Eiget* geht es auf einem schmalen Pfad über Wiesen mit

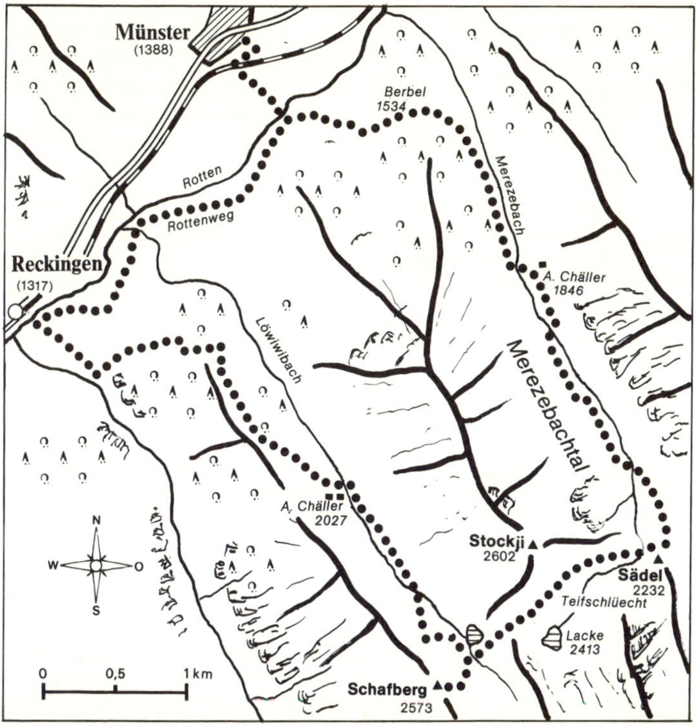

schmucken Weidezäunen zur *Alm Berbel* (1534 m/¾ Std.). Nach Norden fällt der Blick auf die friedvollen Dorfflecken Geschinen, Münster und Ulrichen. Tief schneidet sich das Minstigertal in den Berghang ein – darüber der Aargrat mit Roossehörner und Löffelhorn. Durch schattigen Wald steigen wir in südöstlicher Richtung höher. Tief unter uns stürzt der *Merezebach* durch eine enge Schlucht. Laut hallt sein Zischen und Brodeln zu uns herauf. Auf einer Lichtung stehen die großen Almgebäude der *Alpe Chäller* (1846 m/+ 1 Std.). Zwei Hirten versorgen die Viehherde. Wer nur eine kurze Rundtour machen möchte, kann in gut einer Stunde wieder talwärts wandern.

Wir setzen unsere Wanderung talein am orografisch linken Ufer des Bergbaches fort. Zweimal ist der schäumende Bach zu queren, vorsichtig von einem Stein zum anderen springend. Über einen begrünten Buckel (Sädel 2232 m) geht es nun steiler empor. Vor uns baut sich das nahe *Stockji* (2602 m) auf. Es folgt ein kurzer Abstieg nach Südwesten zu einer fast verfallenen Unterkunftshütte und erneuter Anstieg durch die *Teifschlüecht*, vorbei an einem Meer von blauen Schusternägeln und gelben Küchenschellen. Trotz Hochsommer kommen uns Gedanken wie »später Bergfrühling«. An einer verträumten kleinen Lacke (2413 m/+ 1¾ Std.) finden wir einen geeigneten Platz für die Mittagsrast. Der Weiterweg führt über Felsen und erdige Hänge an Punkt 2498 vorbei und wendet sich schließlich nach Nordwesten. Wir verlassen den Steig für einen kurzen Abstecher weglos über eine geschlossene Altschneedecke zum Aussichtspunkt am Grat des *Schafberges* (2573 m/+ ¾ Std.). Schön zeigt sich im Süden das Blinnenhorn.

Zum Abzweig zurückgekehrt, steigen wir zu den idyllischen *Hobachseen* hinab (2455 m/+ ¼ Std.). Berggipfel spiegeln sich in der glasklaren Oberfläche, unzählige weiße Wollgrasblüten wiegen sich im Winde. Der weitere Abstieg zieht sich steiler in den Hobachkeller hinein. Dann kommen wir zur *Alpe Chäller* im Tal des *Löwiwibaches* (2027 m/+ ¾ Std.). Ein breiter bequemer Fahrweg führt nach Querung des Baches ins Tal. Wir folgen jedoch dem Hinweis *»Reckingen«* auf dem kleinen gelben Blechschild, das versteckt hinter den Almgebäuden steht. Ziemlich eben verläuft der Weg durch niedriges Buschwerk und Alpenrosen, bis er sich ganz plötzlich in Nichts auflöst. Wir müssen unsere Richtung beibehalten und uns, an einer Lichtung vorbei, dabei etwas an Höhe verlierend, auf den Hochwald zu bewegen, wo wir alsbald wieder auf Steigspuren treffen.

Steil schlängelt sich der schmale Pfad über einen bewaldeten Bergrücken abwärts. Kaum dringt ein Sonnenstrahl durch das dichte Nadelwerk, das von unzähligen Baumwurzeln durchzogene Erdreich ist feucht und rutschig. Wenn wir aus dem Wald auf eine Bergwiese hinaustreten, grüßt die weiße Kirche von *Reckingen* zu uns herauf. Auf dem *Rottenweg* (1326 m/+1 Std.) kehren wir zurück nach *Münster* (1388 m/+ ¾ Std.) oder fahren mit der Furka-Oberalp-Bahn.

Nützliche Informationen

Tourencharakter: Einsame Bergwanderung. **Beste Jahreszeit:** Ende Juni bis Oktober. **Höhendifferenz:** 1250 Meter Anstieg, 1250 Meter Abstieg. **Reine Gehzeit:** 7 Stunden. Keine Einkehrmöglichkeit. **Karte:** SAW-Wanderkarte 1:50000, Blatt 265 T (Nufenen) oder Wanderkarte Obergoms 1:50000. **Talorte:** *Münster* und *Reckingen*, s. Tour 30.

Gommer Höhenweg

Tour 30

Münster – Minstigertal – Galmihornhütte – Bächital – Bieligertal – Biel – Rottenweg

Wer von Brig über Mörel das Rhônetal aufwärts fährt, trifft in Fiesch zwar auf die Eingangspforte zum Goms, doch offenbart sich hier noch nicht der eigentliche Charakter der Gommer Dörfer, denn im Gegensatz zu ihnen hat sich Fiesch bereits stark dem Tourismus geöffnet.

In *Bellwald* nimmt der *Gommer Höhenweg* seinen Anfang. Er zieht sich in einer Länge von 30 Kilometern am orografisch rechten Talhang des Rotten zwischen 1400 und 1800 Metern Höhe in leichtem Auf und Ab hin. Einkehrmöglichkeiten gibt es unterwegs nicht. Es besteht jedoch die Möglichkeit, zu jedem der elf Dörfer zwischen Bellwald und Oberwald abzusteigen. In *Niederwald* treffen wir, von Westen kommend, erstmals auf das echte Goms. Wie bei den meisten Orten hier liegen die Ansiedlungen am nördlichen Ufer des Rotten, die Stirnseiten der Häuser nach Südosten gerichtet.

Nur wenige Kilometer trennen die nächsten kleinen Orte voneinander: *Blitzingen – Selkingen – Biel – Ritzingen – Gluringen.* Inmitten der Wieseneinsamkeit grüßt weithin sichtbar zwischen Ritzingen und Gluringen die kleine Kapelle »Ritzingerfeld« von 1687, ein beliebter Wallfahrtsort der Gommer Bevölkerung.

In *Reckingen* beginnt das Obergoms. Es ist ein echtes Dorf der Bauern, das einst die besten Orgelbauer, Glockengießer und Kunsthandwerker des Goms hervorbrachte. In der Dorfmitte, direkt an der Hauptstraße, steht die große weiße Pfarrkirche, ein imposanter Walliser Barockbau.

Lieblich in den Wiesenrain eingebettet liegt *Münster*, ein sehenswertes Dorf mit viel geschichtlichem Hintergrund. Die größtenteils aus dem 15. und 16. Jahrhundert stammenden Holzhäuser sind von der Sonne fast schwarz gegerbt. Zu den bemerkenswertesten Walliser Baudenkmälern zählt die Pfarrkirche »Unser lieben Frau« mit Hochaltar von Jörg Keller aus Luzern (erbaut 1509).

Erhebliche Schäden entstanden während eines Unwetters an der Bahntrasse der Furka-Oberalp-Bahn, die zum Teil auf einer völlig neuen Linienführung wieder aufgebaut werden mußte und einige Wochen lahmgelegt war. Der Spätsommer 1987 zeigte allzu deutlich, wie wenig der Mensch vermag, wenn die Urgewalten der Erde und des Wassers in Bewegung geraten.

Hinter Münster folgen die Orte *Ulrichen*, das Pfarrdorf an der Mündung des Äginentales, *Obergesteln*, 1720 und 1868 von furchtbaren Naturkatastrophen heimgesucht (1720: 84 Tote durch Lawinen; 1868: Zerstörung durch Feuersbrunst), und *Oberwald*, das östlichste Dorf des Goms. Hier enden der *Gommer Höhenweg* und der *Rottenweg*. Bis *Gletsch*, einem reinen Hoteldorf am Ende des sogenannten Gletscherbodens, der vor einem Jahrhundert noch beinahe vom Eis des Rhônegletschers aufgefüllt war, sind es nur noch wenige Kilometer. Im Osten liegt der Furkapaß, im Nordwesten der Grimselpaß.

Der *Gommer Höhenweg* folgt alten Pfaden am Sonnenhang des Goms. Lediglich an einigen Stellen wurde er neu angelegt und dann zusammenhängend markiert (gelbe Raute). Die »Königswanderung«, wie der Gommer Höhenweg auch genannt wird, läßt sich beliebig variieren, sei es als eintägiger »Leistungsmarsch«, zweitägige »Genußwanderung« oder kombinierte »Rundwanderung«, bei der sowohl höher gelegene Aussichtspunkte als auch der Rottenweg und die Gommer Dörfer mit einbezogen werden können.

Besonders empfehlenswert ist das mittlere Teilstück, und so beginnen wir unsere Rundwanderung in *Münster* (1388 m). Am nördlichen Dorfausgang treffen wir auf den Wegweiser zum Gommer Höhenweg, der drei Richtungen anzeigt. Wir wählen den mittleren Weg und wandern nach Querung des Minstigerbaches den Hang über seinem orografisch rechten Ufer talein. Vor uns liegt von Lärchen umgeben die St.-Antonius-Kapelle »Auf dem Biel« von 1683. Nach dem Leitspruch »Gott ist überall« bauten die Gommer an aussichtsreichen Punkten kleine Kapellchen. Hier beten die Bauern für die Bewahrung ihres Viehs. Bei Punkt 1604 zweigt ein Steig zur *Galmihornhütte* ab. Durch den Bannwald von Münster gelangen wir zur Alphütte *Judestafel* und weiter zur *Galmihornhütte* (2113 m/2 Std.), die dem Skiklub Münster gehört; sie ist nur zeitweilig bewartet. Der Abstecher in die Bergeinsamkeit dieser Hütte wird mit einem fantastischen Blick über das gesamte Goms belohnt. Von der Hütte steigen wir noch knapp 100 Höhenmeter in Richtung *Öuchummsee* (2693 m; von hier in 2 Std. zu erreichen) auf, biegen jedoch bereits 15 Minuten später nach Süden ab. Vorbei an den Alphütten von *Altstafel, Tomebine* und *Ofne* stoßen wir oberhalb von Wiler in etwa 1600 Meter Höhe wieder auf den Gommer Höhenweg (+ 1 Std.). Unter uns liegt Reckingen. Durch schönen Altwald zieht sich der Weg ins Bächital hinein, bis der *Reckingerbach* über eine Brücke zu queren ist. Der Höhenweg führt uns auf dem Bächital wieder hinaus und über den Dörfern Gluringen und Ritzingen weiter den bewaldeten Hang entlang. Über dem Bieliger Berg (+ 1½ Std.), vorbei an verlassenen Alphütten, wandern wir in das Bieligertal hinein. Unter *Oberer* und *Niederer Stafel* queren wir den *Walibach* (+ ½ Std.) und folgen nun dem Pfad durch herrlichen Wald hinab nach *Selkingen* (1318 m/+ ¾ Std.). Fast gehen die Dörfer Selkingen und Biel ineinander über, so daß wir die wenigen Minuten auf der Straße bleiben. Sehenswert ist die Pfarrkirche mit dem voluminösen Barockmobiliar. In *Biel* wandern wir zum *Rotten* hinab und an seiner orografisch linken Seite auf dem Rottenweg zum Ausgangspunkt unserer Rundtour zurück (Münster 1388 m/+ 1¾ Std.).

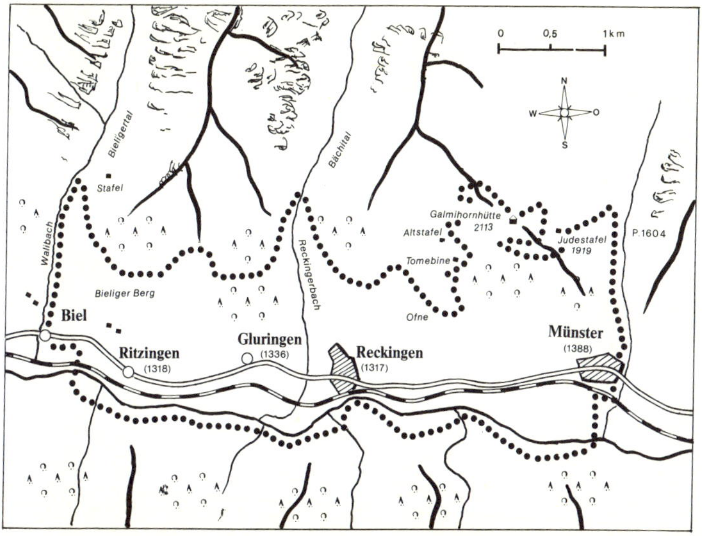

Nützliche Informationen

Tourencharakter: Unschwieriger Höhen- und Talweg. Keine Einkehrmöglichkeit. **Beste Jahreszeit:** Juni bis Oktober. **Höhendifferenz:** 1100 Meter Anstieg, 1170 Meter Abstieg. **Reine Gehzeit:** 7½ Stunden. **Karte:** SAW-Wanderkarte 1:50000, Blatt 265T (Nufenen), oder Wanderkarte Obergoms 1:50000. **Talorte:** Sämtliche Orte des Goms bieten Übernachtungsmöglichkeit. *Niederwald, Biel, Reckingen, Münster, Oberwald* und *Gletsch* sind Stationen der Furka-Oberalp-Bahn, im übrigen Busverbindung bis zum *Grimselpaß*. Campingplatz in *Reckingen*. Größte und sehenswerteste Ortschaft ist *Münster* (Kirche Sankt Maria mit Friedhofskapelle). Vereinigte Verkehrsvereine Obergoms: CH-3985 Münster; Tel.: 028/732254. Fiesch und Mörel, s. Tour 27. **Lohnende Ausflüge:** Pässefahrt (Nufenen, Gotthard, Furka oder Susten, Grimsel). Binntal, bekannt für Alpenflora- und Mineralien-Reichtum. Besuchenswert: *Ernen*; von Mai bis November finden (je nach Wetterlage) von Ernen aus Säumer-Touren statt unter dem Motto: »Mit dem Maultier am Zügel«. Verkehrsverein: CH-3995 Ernen; Tel.: 028/711562.